KB175720

임동석중국사상100

삼십륙계

三十六計

編者未詳 / 林東錫 譯註

구천: 와신상담도

　"상아, 물소 뿔, 진주, 옥. 진괴한 이런 물건들은 사람의 이목은 즐겁게 하지만 쓰임에는 적절하지 않다. 그런가 하면 금석이나 초목, 실, 삼베, 오곡, 육재는 쓰임에는 적절하나 이를 사용하면 닳아지고 취하면 고갈된다. 그렇다면 사람의 이목을 즐겁게 하면서 이를 사용하기에도 적절하며, 써도 닳지 아니하고 취하여도 고갈되지 않고, 똑똑한 자나 불초한 자라도 그를 통해 얻는 바가 각기 그 자신의 재능에 따라주고, 어진 사람이나 지혜로운 사람이나 그를 통해 보는 바가 각기 그 자신의 분수에 따라주되 무엇이든지 구하여 얻지 못할 것이 없는 것은 오직 책뿐이로다!"

《소동파전집》(34) 〈이씨산방장서기〉에서 구당(丘堂) 여원구(呂元九) 선생의 글씨

책머리에

누구나 '삼십륙계에 줄행랑이 상책'이라는 우리 속담을 알고 있다. 이는 바로 이 책에서 유래된 것이며, 패전이나 불리할 때 우선 현장을 떠나라는 뜻으로 지금도 널리 쓰이고 있다.

그러나 이 책은 실제 궤휼과 기만전술의 극치를 이루고 있기는 하나, 36가지의 병법 계책을 자세히 들여다보면 이를 통해 우리는 삶의 지혜를 얻을 수 있다.

이기고 있을 때나 비등하게 맞서 있을 때 또는 패배하고 있을 때의 세 가지로 나누고 다시 그 해당 상황마다 두 가지씩 짝을 이루며, 그 여섯 가지에 여섯 개씩의 계책을 간단한 성어로 제목을 달아 36가지의 계략을 이루고 있다.

그 중 패전계의 제일 마지막 계가 바로 '주위상책'(走爲上, 走爲上策)이다.

실제 원문은 몇 글자가 되지 않으며 게다가 《주역》의 괘사卦辭나 단사彖辭, 상사象辭, 효사爻辭의 구절을 인용하여 제시하고 있어 얼핏보아 무슨 뜻인지 알아내기 어렵다.

이에 후대 사람이 이를 알기 쉽게 풀이하여 전체적인 뜻을 밝힘과 아울러 역사적으로 있었던 고사를 실어 매우 흥미롭게 꾸며 놓았으며, 그 예화에 의해 우리는 접근하는 것이 본문의 함의를 알기 편하다.

특히 인용된 고사나 예화는 아주 적절하고 또한 촌철살인의 정확한 내용으로 이를 읽어보기만 해도 충분히 본책의 일면을 감지할 수 있을 정도이다.

내가 이 책을 역주해 놓은 것은 벌써 20년이 가까워온다. 매우 흥미있으려니 하고 자료를 찾아 작업을 했었지만 워낙 본문이 어렵고 고사도 그 원전을 직접 찾아보지 않고는 선뜻 이렇다 하고 자신감을 가질 수 없어 미루어 두었다.

그러다가 마침 '무경칠서武經七書', 즉 송나라 때 정리하여 완성된 역대 병법서의 역주인《손자孫子》·《오자吳子》·《사마법司馬法》·《울료자尉繚子》·《육도六韜》·《삼략三略》·《이위공문대李衛公問對》 등 7책을 역주하고 나서 이를 다시 들여다 보았더니, 칠서七書 못지않게 흥미롭고 내용도 풍부하며 인용된 예화도 구체적이었다.

이에 우선 다시 좀더 수정하고 정리하였으며, 특히 무곡无谷의《회도삼십륙계繪圖三十六計》에 실려 있는 주석과 백화 번역의 도움을 받았다. 그러나 실제 이 책과《중국전통병법대전中國傳統兵法大全》에 실려 있는 원문이 달라 다시 이를 조정하고, 나아가 원전을 뒤져 교정과 교감을 거쳐 겨우 완성을 보게 되었다.

어찌 되었거나 그래도 소략함과 오역이 있을 것이며, 원의를 충분히 살리지 못한 부분이 있을 것이다. 이러한 미진함은 독자 제현께서 질정하며 편달을 내려주기 바랄 뿐이다.

임동석林東錫이 부곽재負郭齋에서 적음

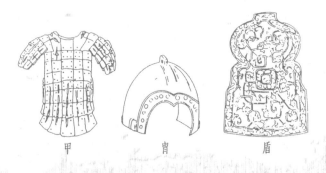

甲　　　　　胄　　　　　盾

일러두기

1. 이 책은 〈중국전통병법대전中國傳統兵法大全〉에 실려 있는 《삼십륙계三十六計》
   를 저본으로 하여 전체를 역주한 것이다.
2. 백화본으로 《회도삼십륙계繪圖三十六計》(无谷 譯註, 吉林人民出版社, 1987)가
   좋은 참고가 되었으며 세밀히 점검하여 주석과 번역에 반영하였다.
3. 책의 체제는 원본에 맞추어 먼저 번역문을 싣고 원문을 제시하였으며,
   안어按語를 번역문, 원문순으로 싣고 이어서 주석을 넣었다.
4. 무곡본과 병법대전본은 안어에서 상당한 차이를 보이고 있어, 무곡본에
   누락된 것은 병법대전을 근거로 삽입하여 보충하였으며 이도 모두 번역하였다.
5. 역자의 주에는 원전을 찾아 그 인용된 근거의 원문이나 내용을 추가하였다.
6. 해설은 역자가 자료를 분석함과 아울러 무곡본의 내용을 실어 연구자의
   도움이 되도록 하였다.
7. 삽화 자료는 무곡본과 고판본古版本의 그림을 해당부분에 옮겨 실었으며,
   그 외 삽화를 추가하여 실었다.
8. 고판본古版本(3冊)을 부록으로 실어 연구에 도움을 삼고자 하였다.
9. 본 책을 역주하는 데 참고한 주된 자료는 다음과 같다.

● 참고문헌

① 《三十六計》中國傳統兵法大全, 啓南(主編), 三環出版社, 1992. 湖南 長沙.

② 《三十六計》无谷(譯註), 吉林人民出版社(1987)

③ 《三十六計》(三冊)上海江東書局, 연도미상, 古版本.

④ 《三十六計》(一生要運用的三十之計) 張俊杰(편), 時事出版社, 2005. 北京.

⑤ 《三十六計》趙立·王世英(譯評), 吉林文史出版社, 2006. 吉林 長春.

⑥ 《孫子校正》(白文13권, 十家注13권, 傳1권, 敍錄1권, 遺說1권, 考1권) 魏
   曹操(等注), 宋 鄭友賢(輯遺說), 淸 孫星衍(校), 楊家駱(考) 新編諸子集成,

世界書局, 1978. 臺北.

⑦《吳子》四庫全書 子部 兵家類, 文淵閣本, 印本, 臺灣商務印書館, 臺北.

⑧《司馬法》四庫全書 子部 兵家類, 文淵閣本, 印本, 臺灣商務印書館, 臺北.

⑨《尉繚子全譯》劉春生(譯注), 貴州人民出版社, 1993. 貴州 貴陽.

⑩《六韜》中國傳統兵法大全, 啓南(主編), 三環出版社, 1992. 湖南 長沙.

⑪《三略》中國傳統兵法大全, 啓南(主編), 三環出版社, 1992. 湖南 長沙.

⑫《李衛公問對》中國傳統兵法大全, 啓南(主編), 三環出版社, 1992. 湖南 長沙.

⑬《武經總要》宋 曾公亮・丁度(敕撰), 四庫全書 子部 兵家類.

⑭《三才圖會》明 王圻・王思義(編集), 上海古籍出版社 印本, 2005. 上海.

⑮《史記》, ⑯《漢書》, ⑰《後漢書》, ⑱《三國志》, ⑲《晉書》, ⑳《南史》,

㉑《北史》, ㉒《南齊書》, ㉓《宋史》, ㉔《十八史略》, ㉕《資治通鑑》 등
기타 공구서는 생략함.

旌　　　纛　　　轉光雜色旗

해 제

《삼십륙계》는 전문적으로 모략謀略을 설명한 병법서로서 이름 그대로 36가지의 계책을 말한다. 누가 언제 지었는지는 알 수 없으며, 그저 민간에 널리 알려진 속서류俗書類에 가깝다. 그 때문에 정통 도서 집성集成에 거의 그 서목書目도 보이지 않으며, 유서류類書類에도 언급되지 않고 있다. 송대 宋代 '무경칠서武經七書'를 중시할 때도 물론 이 책은 거론되지 않았고, 청대淸代 〈사고전서四庫全書〉 등에도 전혀 그 이름조차도 올라 있지 않다. 따라서 역대 연구자도 극히 제한되어 있으며, 현대에 이르러서도 학술적 으로서의 본격 연구서를 찾아보기 힘들 정도이다.

이 책은 권수를 나누지 않았으나 전체를 6가지 계책에 다시 6가지씩이 사자성어(四字成語, 단 敗戰計만은 3자씩임)로 제목을 붙여 총 36가지가 된다.
우선 맨 앞 서두에 총설이라 하여 책 전체의 대의를 간단히 밝혔고, 이어서 여섯 가지 계計를 차례대로 설명하고 있다. 여섯 가지는 1. 승전계勝戰計 2. 적전계敵戰計 3. 공전계攻戰計 4. 혼전계混戰計 5. 병전계幷戰計 6. 패전계敗戰計 이며, 그 중 앞의 세 가지 계책은 내가 우세할 때의 계책이며, 뒤의 세 가지는 내가 불리할 때의 계책이다.
그리고 맨 뒤에 발문跋文이 있으나 이나마 중간 이후는 낙장되어 전체 뜻을 알아볼 수 없다. 게다가 중간의 안어按語도 전본傳本에 따라 차이가 심하여 누락된 것이 상당량 있다.

내용은 거의 속임수와 궤휼詭譎, 사기詐欺 등이며 아마 고대 병가의 내용 중에 궤도詭道만을 채집하여 작전과 전략에 도움을 얻고자 편집된 것이 아닌가 한다. 매 계計마다 제시한 사자성어는 거의 《주역周易》의 구절을 따서 선택한 것으로 이는 《역경》의 음양섭리를 이용하여 병법의 권변權變·기정奇正·강유

剛柔·강약强弱·신축伸縮·진퇴進退·공수攻守·허실虛實·주객主客·노일勞逸·
형세形勢·피아彼我·동정動靜·승패勝敗 등 상대적 병립竝立 관계를 설명하고자
한 것으로 볼 수 있다.

그러나 본문은 아주 짧고 간단하며 뒤에 누군가가 이를 부연설명하기 위하여
'안按'이라 구분하고, 그 제목과 주제에 걸맞을 만한 역대 전쟁 고사나 기지·
탈출·승리 등의 내용을 추가하였으며, 아울러 역대 병법서인 《손자》·《오자》·
《울료자尉繚子》 등의 내용을 인용하기도 하였다. 한편 그 채록된 역사적 사실은
거의가 송대 이전인 것으로 보아, 아마 이 책은 당송 때 찬집되어 민간으로
흘러든 것이 아닌가 추측하고 있다.

좌우간 우리의 속담에 이미 '삼십륙계 줄행랑'이라는 말이 있으며, '미인계
美人計'니 '반간계反間計'니 '고육책苦肉策'이니 하는 용어들이 일상생활에 널리
쓰이고 있는 것으로 보아, 우리에게도 일찍 이 내용이 전해졌으리라 본다.

마침 길림인민출판사(吉林人民出版社, 1987)에서 출간된 《삼십륙계》(无谷 譯註)
가 있어 큰 도움을 받았다. 그러나 이 책은 안어按語가 《중국전통병법대전中國
傳統兵法大全》(啓南(主編), 三環出版社, 1992, 湖南 長沙)과 많은 차이가 있으며
상당량을 누락시키고 있다. 여하튼 이 책의 해제가 그나마 상세하여 이를
옮겨보면 다음과 같다.

이 《삼십륙계三十六計》는 분권分卷이 되어 있지 않고 제목 아래에 〈비본병법
秘本兵法〉이라는 부제가 붙어 있을 뿐이다. 그리고 언제 쓰였는지, 작자가
누구인지도 밝혀 놓지 않았으며, 역대의 병지兵志를 뒤져보아도 책이름을 기록해
놓은 것이 없다.

그러나《삼십륙계》란 말은 아주 널리 그리고 아주 오랜 세월동안 사람들의 입에 회자膾炙되어 왔는데 기록상 최초로 보이는 곳이《남제서南齊書》권26의 왕경칙전王敬則傳이다.

　　경칙敬則이 동쪽에서 갑자기 기병起兵하자 온 조정이 두려워하였다. 동혼후東昏侯가 사람을 시켜 옥상에서 살펴보도록 하였다. 그는 이미 정로정征虜亭까지 불타는 것을 보고는 급히 동혼후에게 "경칙이 곧 들이닥칠 것이니 행장을 꾸려 도망가십시오"라 하였다. 이에 경칙은 "단공檀公의 삼십륙계 중에서 줄행랑이 상책이라 하였다. 너희 부자들은 마땅히 어서 도망가거라"(敬則倉卒東起, 朝廷震懼. 東昏侯……使人上屋望, 見征虜亭失火, 謂敬則至, 急裝欲走. 有告敬則者, 敬則曰: "檀公三十六策, 走是上計, 汝父子唯應急走耳.")라 하면서 도망가도록 놓아두었다.

　　《남사南史》(45) 위魏 왕경칙전王敬則傳에는 앞의《남제서》와 같은 문장의 끝에, "…이 말은 아마도 단도제檀道濟가 위魏를 피해 살아 난 고사를 기희譏戲라 한 것이리라"(蓋譏檀道濟避魏事也)라 하여 단공檀公이 단도제란 구체적 인물임을 밝히고 있다.

　　한편《자치통감資治通鑑》에서도《남사》의 구절을 옮겨 적고 있다.

　　이로 보면 "삼십륙계에서의 줄행랑이 상책三十六計, 走爲上策"은 단도제란 인물과 깊은 관계가 있다.

　　단도제가 도망을 최고의 계책으로 여겨 위魏나라를 피한 것은 바로 피차간에 힘의 균형이 완전히 깨진 쪽이 퇴각하는 병법의 범례範例이다.

이 단도제의 이야기는 《송서宋書》보다 《남사》에 더 자세히 기록되어 있다. 《남사》(15) 단도제 전에 "단도제는 고평 금향 사람이다. ……송나라 의희 12년에 무제가 북벌을 행할 때 도제는 그 전봉前鋒이 되었다. 이르는 곳마다 바람 앞의 풀처럼 모두 항복해 왔다. ……도제는 당시 위나라와 30여 차례 싸워 많은 승리를 거두었다. 그의 군대가 마침 역성歷城에 이르렀을 때 물자와 그 보급이 다하여 물러 설 수밖에 없었다. 그때 이미 위나라에 항복하였던 자들이 모두가 위나라에게 단도제의 군대에 식량이 이미 바닥났다고 말하였다. 이에 자기 군대들이 겁을 먹고 굳은 의지를 상실하였음을 안 도제는 쌀을 그 단지 위에 살짝 덮었다.(그리고는 도망하였다.) 이튿날 위군의 척후병이 돌아가 식량이 남아 있다라고 일렀고 그 때문에 더 추격해 오지 않았다. 그리고 항복하였던 자들이 거짓말을 하였다고 참수하여 죽여 버렸다. 이때 도제의 군대는 수적으로 열세였을 뿐만 아니라 사기까지 나약하여 모두 겁에 질려 있었다. 도제는 이에 명령을 내려 모든 병사들에게 갑주를 입히고 스스로도 갑옷을 입고 수레에 올라 천천히 포위선 밖으로 나갔다. 포위하고 있던 위군들이 그 위세에 두려움을 느껴 감히 핍진해 오지 못하였다. 이렇게 그 곳을 벗어날 수 있었다. 도제는 비록 하남河南을 다 평정하지는 못하였지만 전군을 인솔하여 다치지 않고 돌아왔으므로 그 이름이 크게 떨쳐졌다. 위나라도 매우 이를 두려워하였다.

(檀道濟, 高平金鄕人也. ……義熙十二年, 武帝北伐, 道濟爲前鋒, 所至望風降倔, ……道濟時與魏軍三十餘戰, 多捷. 軍至歷城, 以資運竭, 乃還. 時人降魏者, 具說糧食已罄. 於是士卒憂懼, 莫有固志. 道濟夜唱籌量沙, 以所餘少米散其上. 及旦, 魏軍謂資糧有餘, 故不復追. 以降者妄, 斬以徇. 時道濟兵寡弱, 軍中大懼. 道濟乃命軍士悉甲, 身自服乘輿, 徐出外圍; 魏軍懼有伏, 不敢逼, 乃歸. 道濟雖不克定河南, 全軍而返, 雄名大振, 魏甚憚之.)

이처럼 '삼십륙계에서의 출행랑이 상책'이란 말의 출처와 사실은 아주 확실하며, 이는 곧 곤경에 처하였을 때 부득이 사용하는 최후, 마지막의 계책임을 설명해 주고 있다. 그러므로 이는 곧 전체 36가지의 계책 중에 패전계敗戰計의 마지막 수단인 것이다. 이를 운용함으로써 위기를 벗어나 전패위승轉敗爲勝의 기틀을 마련해야 한다는 뜻이다.

이처럼 줄행랑이 상책走爲上策이라 한 것은 이상과 같은 속뜻에 부합되어야 한다. 그 밖의 35가지의 내용도 그 의도하는 뜻에 맞게 해제解題와 안어按語가 있으며 전체 책략策略의 구성을 이루고 있다.

〈비본병법秘本兵法〉인 이《삼십륙계三十六計》는 이미 세상에 알려진 공사간의 어떤 장서목록藏書目錄에도 그 이름이 보이지 않는다.

근래 숙화叔和란 분이 '삼십륙계 줄행랑이 상책에 관하여關于三十六計, 走爲上策'라는 글을 발표하였는데 거기에 이렇게 적혀 있었다.

"십여 년 전에 나는 성도(成都, 四川省)의 길가 난점에서 우연히 거친 토지土紙에 인쇄된 작은 책 한 권을 발견하였다. ……겉봉에《삼십륙계三十六計》라고 씌어 있고, 곁에 '비본병법秘本兵法'이라는 부제가 붙어 있었다."(十幾年前, 我在成都一個冷攤上無意中發現一本土紙印的小冊子, ……封面書《三十六計》, 旁注"秘本兵法." : 1961년 9월 16일, 光明日報: 東風副刊)

숙화叔和씨가 이렇게 발견하여 수장收藏하고 있는 토지본土紙本이 바로 내가 주석한 이 책의 저본이다.

이 토지본은 1941년에 성도 홍화인쇄소成都興華印刷所에서 토지土紙로 번인翻印된 것으로서 그 책엔 간단한 설명이 곁들여 있다.

즉, 원서原書는 초본抄本으로서 1941년 빈주(邠州, 지금의 陝西省 邠縣)의 어떤 난점에서 발견되었다. 그 초본의 앞 부분에 이런 기록이 있다.

"모두 양생養生에 관계된 이야기들로 그 말미의 수십 편은 삼십륙계三十六計를 베껴 놓았으며 모두 병법으로 해석되었다. 그런 후에 과연 이것이 병법서인 줄로 알게 되었다."(都系養生之談, 而末尾數十策, 附抄三十六計, 解釋皆用兵法, 然後知其果爲兵法也.)

숙화叔和씨는 1961년《광명일보光明日報》에 처음으로 이런 사실을 소개한 후 이듬해 8월에 이것을 해방군解放軍 정치학원政治學院에 기증하였다.
그 후에 내부번인內部翻印과 전초傳抄의 판본이 점차 널리 퍼지게 되었다.

이처럼《삼십륙계》의 구체적 내용은 사실 그렇게 명쾌하지는 않다. 그러나 매 계計의 명칭은 거의가 모두 우리들이 늘 사용하고 있는 성어成語들이다. 그 원인을 규명해 보면 원元·명明 혹은 아마도 이보다 더 일찍부터 소설이나 희곡에서 널리 쓰인 후 점차 그 말들이 일반 대중의 입을 통해 널리 운용되었다고 보아진다. 그 실례들을 들어 보면 다음과 같다.

① 《元曲選, 碧桃花》 제3절
"(진인眞人이 이르되) ……네가 뽑아 낸 그 명부冥簿에 그 나이 찬 부인 말일세, 마땅히 일찍 죽어야 할 사람인데 벽도에게 붙어 '차시환혼'(제14계)해서 갔네. 어찌 하지 못하겠는가?……"

《元曲選·碧桃花》第三折: "(眞人傳)……你揀那生死簿上, 有年小婦人, 早晩該死的, 着碧挑借尸還魂去, 有何不可!……"

② 《元曲選, 氣英布》 제1절

"(한왕이 이르되) ……저희 집은 한신의 계략을 써서 겉으로는 잔도를 수습하는 척하며 '암도진창'(제8계)으로……"

《元曲選, 氣英布》第一折: (漢王傳)……"孤家用韓信之計, 明修棧道, 暗渡陳倉……"

③ 《元曲選, 朱砂担》 제1절

"……그들은 '금선탈각'(제21계)의 계략으로 도망가 버렸다. ……"

《元曲選, 朱砂担》第一折: ……他間做介金蟬脫殼計去了也. ……

④ 왕실보(王實甫)《西廂記》 제4본 제4절

"교목사喬木査가 황야로 도망쳐서 겁나는 마음을 누를 길이 없을 것이리라. 콜록콜록 기침소리에 숨도 제대로 쉴 수 없을진대 급히 뒤쫓는 것은 '타초경사'(제13계) 아니랴?"

(王實甫《西廂記》第四本第四折: "喬木査走荒郊曠野, 把不住心嬌怯, 喘吁吁難將氣按. 疾忙赶上者, 打草驚蛇.")

⑤ 《西廂記》 제76회

"……마침 나의 조호리산(제15계)의 계략에 설려 들 줄은 몰랐지?" 그러자 노괴老怪가 말하였다. "무엇이 '조호리산'인고?"

(《西廂記》第七十六回: "……不知正中了我的調虎離山之計哩! 老怪道: 何爲調虎離山?")

⑥《紅樓夢》제16회

"좀 기울이도록 하시오 그들은 곧 '지상설괴'(제16계)의 원망을 품고 있으니 산에 앉아 호랑이 싸움이나 구경한다든지 '차도살인'(제3계)이나 바람을 끌어들여 불이나 지르는 식의……"

(《紅樓夢》第十六回: "偏一點, 他們就指桑說槐的抱怨, 坐山看虎斗, 借刀殺人引風吹火……")

⑦《說唐》下篇 제13회

"경덕敬德이 물었다. 무엇을 '만천과해'(제1계)의 계책이라 하는가?"

(《說唐》下第十三回: "敬德道: 何爲瞞天過海之計?")

이상으로 보면 36계의 특징은 그의 결구結構가 모두 먼저 계計이름이 있고, 이를 해석한 간단한 구절이 있고, 다시금 예화 등을 들어 설명한 안어按語가 있다. 그리고 전체적으로 보면 표제가 없이《총설》에 해당하는 부분이 맨 앞에 그리고 발跋에 해당하는 것이 맨 뒤에 있는데 발문은 결문缺文인 채로 끝나 있다.

전체는 모두 6부로 나뉘어 있는데 앞의 3부는 승전계勝戰計·공전계攻戰計·병전계幷戰計로서 아군이 우세한 위치에 있을 때의 계책을 다룬 것이며, 뒤의 3부는 적전계敵戰計·혼전계混戰計·패전계敗戰計로서 열세에 처해 있을 때의 해결책들을 적고 있다.

이런 두 부류의 계책은 거의가 병가兵家의 회계기휼詭詭奇譎의 묘책들이며, 이 책의 설명대로만 하면 능히 약하면서도 강한 자를 대항할 수 있고(以弱抵强), 패배의 위기를 승리로 바꿔 칠 수 있도록 되어 있다.(轉敗爲勝) 그 때문에 가히 역대 병법 중에서도 집중적으로 궤도詭道만 모은 것이 아닌가 여길 정도이다.

이 책의 총설總說, 정문正文, 발跋 등을 살펴보면 전쟁에서의 규율規律이란 역사적인 전술경험도 매우 중요시해야 한다는 것을 알 수 있다. 다만 전술에서 책략의 변화는 무궁무진한 것으로써 그 전부를 포착하기란 어려운 것이란 점도 밝히고 있다.

이 36가지의 계책은 곧 작전을 지휘할 때 필수적으로 연구되어야 할 중요한 방략方略으로 등한시할 수 없는 것들이며, 계책을 행동으로 옮기기 전에는 반드시 상황을 살펴야 하고 상황이 불분명하면 반드시 '의심나면 두드려 사실을 확인하고 살핀 후에 행동으로 옮겨'(疑而叩實, 察而後動) 절대로 '작은 틈이라도 필히 뚫고 들어가야 할'(微隙在所必乘) 기회를 놓쳐서는 안 된다는 것들이다. 더욱 중요한 것은 '그 심기를 공격해 빼앗아서'(攻心奪氣) 그 세력을 꺾는(消氣勢) 방법을 운용해야 하며 그때는 '일은 인정에 따를 것'(事理人情), '만약 바른 길로 하지 않으며 그 속임이 즉시 드러나 세속을 혹하게 하여 그 기모가 누설 될 것'(倘事出不經, 則詭異立見, 詫世惑俗, 而機謀泄矣)이니 험책險策은 오히려 방지해야 한다는 것이다. 또한 '적이 우세할 때 맞서서는 안 되는'(敵勢全盛, 我不能戰) 조건에서는 반드시 과감하게 도망치는(走爲上) 정책으로 현실을 인정하고 힘을 길러 다음 기회를 기다리는 책략으로 종결을 맺고 있다.

이 책의 또 다른 특징은 매계每計의 해어(解語, 즉 正文)에 거의가 《주역周易》의 어사語辭로 구성되어 있다는 점이다.

고대의 군사가軍事家들, 예를 들면 손무孫武·손빈孫臏·한신韓信·제갈량諸葛亮·이정李靖·유기劉基 등이 한결같이 《주역》에 능통하여 이를 병법에 운용하고 있다.

그러나 더욱 나아가 계통적으로 《주역》을 병법에 연계시켜 저작을 남기고 아울러 많은 제자를 길러 낸 이로서 역사책에 이름이 남아 있는 자는 바로 명대明代의 전략이론가 조본학趙本學이란 인물이다. 그의 전기는 《명사明史》 유대유전兪大猷傳에 부기附記되어 있다.

그의 제자였으며 왜倭를 대항해 싸웠던 유명한 장군 유대유兪大猷는 일찍이 《무비지武備志》 권64 《조본학진법발미趙本學陣法發微》 4장에서 "유독선사소수 猷讀先師所授《도령내외편韜鈐內外篇》자유년자有年, 영기대지領其大旨, 지기무일 불근어知其無一不根於《역易》자者"라 하였으며 그 외에 《조주손자십삼편趙注 孫子十三篇》(刻趙注孫子引)에서는 이렇게 말하였다.

"선생은 병법에 깊은 조예가 있고 무기武技에 정묘하여, 나이가 이미 70이 넘어 서고도 심력이 극히 장대하였으며, 마침 조정에 무풍武風이 크게 일자 힘껏 훈련하여 임금의 명령에 부응하여 새벽부터 저녁 늦도록 어느 하루 쉴 날이 없었다."(先生潛神韜略, 武技精妙, 齡己踰七十, 心力克壯. 适值大朝振起武風, 竭力 訓練, 以副上命. 晨入暮歸, 日不暇給.)

이상으로 보면 《삼십륙계三十六計》의 작자는 이 조본학趙本學 등의 영향을 받은 이가 《주역》의 음양섭리를 병법의 강유剛柔·기정奇正·진퇴進退·공수攻守 의 변화에 잘 접목시켜 이룬 것이 아닌가 한다. 그 외에 이 《삼십륙계三十六計》의 설說 등은 봉건시대에 오래도록 전해 내려왔으나 그것이 책으로 묶인 것은 그리 이르지 않은 것 같다. 아마 명말청초明末淸初 쯤으로 볼 수 있다. 또한 백련교白蓮敎· 천지회天地會 등의 농민 반항운동과 직접적인 관계가 있지 않을까 한다.

이는 주림朱林의 《홍문지洪門志》라는 책에 '삼십륙착三十六着'이란 명칭이 있는데 이 책과 비교해 보면 몇 군데만 약간 다를 뿐 완전히 같다. 그는 책에 주註를 달아 설명을 덧붙였다.

" '삼십륙착'은 달리 '삼십륙계'라고도 하는데 즉 서른 여섯 종류의 계책이다. 용병用兵이나 처세에 이롭지 않은 것이 없어 '신기묘산神機妙算'이라 칭하며 그 때문에 홍문洪門의 철학이라고도 부른다."

(三十六着, 又稱三十六計, 旣三十六種計策. 用兵處世, 無往不利, 所謂"神機妙算", 故稱之 爲洪門哲學.)

그 외에 《태평천국太平天國》문서 부일附一에 "잡으려거든 먼저 놓아주어라. 급히 처리하려거든 잠시 느리게 하라. 상대가 해이해질 때를 기다려 공격하면 성공하지 않을 자가 없다."(欲擒先縱, 欲急姑緩, 待其懈而擊之, 無不勝者)라 하였는데 이는 이 책의 제16계이다.

이상의 몇몇 자료를 근거로 추측해 보면 앞의 주장들이 결코 허황된 이야기는 아니다. 그러나 이 몇 가지들은 추측의 자료로 이용될 뿐 더욱 길이 연구하여 진일보의 자료수집과 연구가 뒤따라야 한다.

현존본의 책으로 본다면 비록 한 시대의 부분적인 용병의 책략이기는 하나 오늘날 반드시 참고해야 할 가치를 지니고 있다는 점이다. 다만 비판의 여지도 없지 않으니 이는 봉건시대의 할거 중에 서로 사기詐欺와 궤휼詭譎로 약탈겸병 掠奪兼竝을 위주로 하여 사병士兵을 우롱하는 등 낙후된 저질적 내용도 들어 있다는 것이다. 예를 들면 차도살인借刀殺人, 진화타겁趁火打劫, 소리장도笑裡 臧刀, 혼수모어混水摸魚, 원교근공遠交近攻, 가도벌괵假道伐虢, 투량환주偸梁換柱, 가치부전假痴不癲, 미인계美人計 등이다.

이들은 분명히 확실한 전쟁의 전략·용병의 문제라기보다 궤계詭計를 확장시킨 경우에 불과할 뿐이다.

이 책의 교감校勘에서는 먼저 앞서 설명한 원본 외에 더 비교할 서적을 찾아내지 못하였기 때문에 진행에 여간 어려움을 느낀 게 아니다.

그래서 그저 인용문을 조사하고 교정校正하는 데 중점을 두었을 따름이다. 즉 세 가지 측면에서 살폈다.

1. 인용문의 전도顚倒를 바로잡음.
   제1계 : 圍下人, 或起或臥, 如是者再 ← 如是者再, 圍下人, 或起或臥
   제2계 : 相恐以敵强 ← 相恐以强敵 ← 相恐以强敵
   제27계 : 雲雷屯也 ← 雷雲屯也
2. 인용문의 와오訛誤를 바로잡음.
   제7계 : 令狐潮圍雍也丘 ← ……圍睢陽
   제10계 : 巧言令色 ← 巧顔令色
   제19계 : …爲漢州通判 ← 爲漢州通判
   제20계 : 以何晦入宴息 ← ……入宴息
   제21계 : 故我大軍轉動 ← 故敵大軍轉動
3. 의심스러운 채로 둔 점.
   제10계 : 召諸將飮 一作 對客奕棋
   제19계 : 惟本謨者八人 一作 獨叛者十三人
등이다.

앞의 1, 2항은 이미 이 책에 교정을 보아 만들었으며, 제3항은 의심스러운 채로 두었고, 앞의 몇 가지만 겨우 예로 들었을 뿐이다.

이 책은 틀림없이 전인前人이 '단공삼십류계檀公三十六計'를 근거로 해서 쓴 것으로 다만 전초비본傳抄秘本만 있고 판각이 되지 않았다.

그 책의 작자는 도대체 누구인가? 왜 판각을 하지 않았을까? 앞서 설명한 역사적 배경과 조건의 타당성 등의 문제 등등은 보서가 지금 정식으로 출판되고 전문학자들의 연구와 토론이 경과되면 끝내 밝혀지리라 본다.(이하 생략함)

이상으로 보아 이 《삼십륙계》는 대체로 명말부터 청초 사이에 민간에 널리 퍼졌던 것이 농민 운동과 새로운 종교 세력의 힘을 얻어 완성된 것이 아닌가 한다. 한편 무곡无谷이 역주하는 데 사용된 판본은 아주 조악하고, 제시한 삽화도 거칠며 문자의 정확성도 지극히 낮다. 이에 역자는 《중국전통병법대전》에 실려 있는 활자본 원문을 일일이 대조하여 교정하였으며, 아울러 누락된 부분도 첨가하였고, 역주에도 가능하면 인용된 원전을 찾아 보충하고 주석도 상세히 하고자 노력하였음을 부기한다.

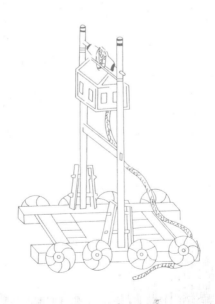

차 례

🌸 책머리에
🌸 일러두기
🌸 해제

🍁 총설總説

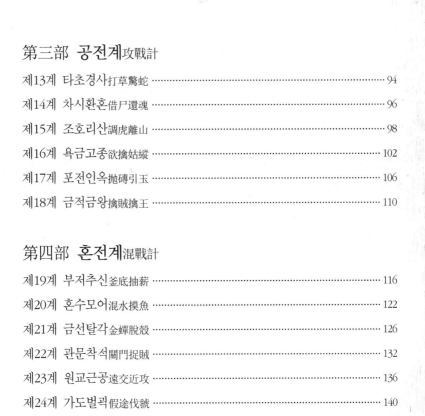

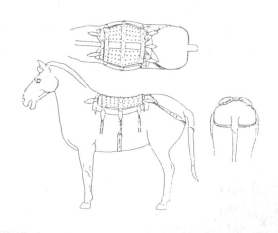

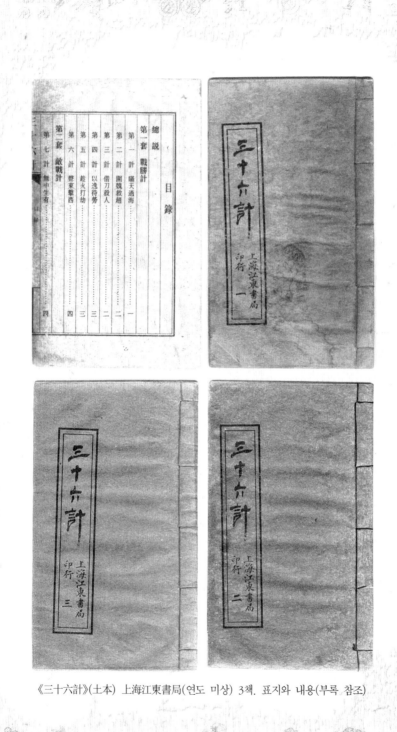

目錄

《三十六計》(土本) 上海江東書局(연도 미상) 3책. 표지와 내용(부록 참조)

三十六計（秘本兵法）

三十六計

六六三十六。數中有術。術中有數。陰陽燮理。機在其中。機不可設。設則不中。按語重數不重理。蓋理。術語自明。而數。則在言外。若徒知術之為術。而不知術中有數。則術多不應。且詭謀權術。庸能摩理之中。人情之內。倜率出不經。則詭異立見。詫世惑俗。而機謀洩奏。或曰。三十六計中。每六計成為一套。第一套為勝戰計。第二套為敵戰計。第三套為攻戰計。第四套為混戰計。第五套為併戰計。第六套為敗戰計。

第一計 瞞天過海

三十六計

備周則意怠。常見則不疑。陰在陽之內。不在陽之對。太陽。太陰。

《三十六計》(秘本兵法 土本) 1941년 10월 四川 成都 瑞琴樓 간행

檀道濟宋武顧命勳臣元嘉中伐魏夜唱籌量沙平明魏軍見之不敢逼妻向氏嘗戒之曰高世之勳道家所忌後為帝所疑見收嗔怒目光如炬脫幘投地曰乃壞汝萬里長城

像 濟 道 檀

三才圖會　人物五卷

三十

檀道濟《三才圖會》

檀道濟〈唱籌量沙〉清，馬駘《馬駘畫寶》

〈車騎紋〉漢代 畫像磚

삼국시대 劉備와 孫權이 연합하여 曹操의 군사를 대패시킨 赤壁大戰 유지. 湖北 嘉魚縣

〈屯墾圖〉(磚畫) 甘肅 嘉峪關 戈壁灘 魏晉墓 벽화

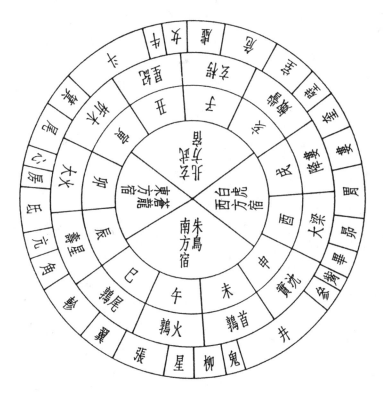

〈四方(天) 十二支(地)와 二十八宿의 대조표〉 전투의 길흉과 승패를 점칠 때 사용하던 표

상십륙계

총설 總說

전체 36계에 대한 총괄적인 설명이다. 그리고 여섯 부분으로 나눈 것에 대하여 승전 계책, 적과 대치상태의 계책, 공격전에서의 계책, 혼전상태에서의 계책, 연합전 및 겸병전兼兵戰을 펼 때의 계책, 패전상황에서의 계책 등임을 밝히고 있다.

전투도. 화상전. 한

三十六計

육륙은 삼십륙六六三十六, 수數 중에 술術이 있고, 술術 속에 수數가 있다. 음양의 섭리이며 기機가 그 속에 있다.

기機란 일부러 만들 수 없는 것이다. 만들면 도리어 맞지 않게 된다.

六六三十六, 數中有術, 術中有數. 陰陽燮理, 機在其中.
機不可設, 設則不中.

按語 이 해석에서 강조하고 있는 것은 수數이며 이理가 아니다. 대체로 이理란 어떤 계획의 설정設定에 대한 일반적 이론이며 수數란 말로 설명할 수 없는, 언외言外의 일이다. 만약 한갓 술책術策을 위한 술책으로만 알고, 그 술책 속에 수가 있음을 모른다면 그 술은 타당성을 잃고 만다.

또한 궤모권술詭謀權術은 원칙적으로 사리事理 속에, 그리고 인정人情 속에 존재하는 것이다. 만약 정당한 경로를 밟지 않는다면 그 궤휼詭譎은 즉시 노출되어 의심과 혹함을 불러 일으켜 기회와 모책은 곧 누설되고 만다.

어떤 사람은 이렇게 말하였다.

"36계는 각 여섯 계로 나누어 한 묶음을 형성하고 있는데, 제1부는 승전의 계책이며, 제2부는 적과 대치상태의 계책이고, 제3부는 공격전에서의 계책이며, 제4부는 혼전 상태일 때의 계책이고, 제5부는 연합전 및 겸병전兼兵戰을 펼 때의 계책이며, 제6부는 패전상황에서의 계책이다."

◎ 按: 解語重數不重理. 蓋理, 術語自明; 而數則在言外. 若徒知術之爲術, 而不知術中有數, 則術多不應. 且詭謀權術, 原在事理之中, 人情之內. 倘事出不經, 則詭異立見, 詫世惑俗, 而機謀泄矣. 或曰:「三十六計中, 每六計成爲一套. 第一套爲勝戰計, 第二套爲敵戰計, 第三套爲攻戰計, 第四套爲混戰計, 第五套爲并戰計, 第六套爲敗戰計.」

【六六三十六】 전체를 크게 6部로 나누고 각 부마다 6計씩 구분하여 이를 곱하면 36計가 된다는 뜻. 《汲古叢書》에 "一·三·五자, 天之生數也, 積天之數而爲九; 二·四, 地之生數也, 積地之數而爲六. 故陽爻用九, 而陰爻用六"이라 하였다. 그리고 《麻衣道者正易心法》에는 "而老陽之策三十六, 老陰之策二十四"라 하였으며, 《嘉祐集》太玄論(下)에는 "太玄之策, 三十有六"이라 하였다.

【數】 피아의 세력을 계산하여 계획 설정하고 모책을 세움을 뜻함. 병법에서 자주 인용되는 용어로 數術·術數·機變 등의 의미로도 통함.《孫子》計篇에 "故較之以計"라 하였고,《尉繚子》十二陵에는 "無過在於度數"라 하였으며,《十一家注孫子》形篇 "量生數"의 注에 "曹操曰: 知其遠近·廣狹, 知其人數也. 杜牧曰: 數者, 機數也. 言强弱已定, 然後能用機變數也. 王晳曰: 數, 所以紀多少. 言旣知敵之大小, 則更計其精劣多少之數. 何氏曰: 數, 機變也. 先酌量彼我强弱利害, 然後爲機數"라 함.

【術】 방술(方術)·법술(法術)·수단(手段)·방법(方法)·책략(策略) 등을 말한다. 《史記》李斯傳에 "法修術明, 而天下亂者, 未之聞也"라 하였고,《後漢書》班彪傳에는 "漢興, 太宗使晁錯導太子以法術"이라 하였으며,《三國志》魏志 武帝紀에는 "攬申·商之法術"이라 하여 '法術'의 의미로 쓰였다.

【陰陽變理】 상대적이고 二元分類法的인 세계관.

【機】 기틀·기미·契機·천기(天機)·기회(機會)·기변(機變)·기모(機謀) 등 변화를 위한 일체의 기미를 뜻함.《尉繚子》十二陵에 "機在於應事"라 하였고,《六韜》兵道에는 "兵勝之術, 密察敵人之機"라 함. 그리고《管子》七法에는 "存乎明于機數, 而明於機數無敵"이라 하고 그 주에 "機者, 發內而動外, 爲近而成遠, 不疾而速, 不行而至, 見其爲之, 不知其所以爲; 有數存焉於其間, 故曰機數也. ……不明於機數, 不能正天下, 故明於機數者, 用兵之勢也. ……審於機數, 則獨行無敵矣"라 함.

【詭謀】 남이 알아낼 수 없는 속임수의 모책.《左氏兵謀》詭에 "何謂詭? 知人之詭, 我以詭人, 皆是也"라 함.

【不經】 정당하지 못함. 옳지 못함. 상궤에서 벗어남.《史記》孟軻列傳에 "其語閎大不經"이라 하였고, 封禪書에는 "視其書不經, 疑其妄書"라 함.

【勝戰】 아군이 승리의 모든 조건을 갖추었을 때의 전투. 전쟁.《十一家注孫子》計篇 注에 "張預曰: 古者興師, ……籌策深遠, 則其計所得者多, 故未戰而先勝. 謀慮淺近, 則其計所得者少, 故未戰而少負. 多計勝少計, 其無計者, 安得無敗? 故曰: 勝兵先勝而後求戰, 敗兵先戰而後求勝. 有計無計, 勝負易見"이라 함.

【敵戰】 서로 엇비슷한 세력으로 대전함.

【攻戰】'謀戰'이라고도 하며, 《十一家注孫子》謀攻篇 注에 "曹操曰: 欲攻戰, 必先謀. 杜牧曰: 廟堂之上, 計算已定, 戰爭之具, 糧食之備, 悉已用備, 可以謀攻. 故曰謀攻也. 王晳曰: 謀攻敵之利害, 當全策以取之, 不銳於伐兵攻城也. 張預曰: 計議已定, 戰具已集, 然後可以智謀攻, 故次作戰"이라 함.

【混戰】혼란 국면에서의 전투. 전쟁.

【幷戰】兼倂戰. 연합전선에서의 연합군의 주도적 역할을 담당함을 뜻함.

【敗戰】'弱戰'이라고도 하며 약한 아군이 강한 적을 상대하여 더 이상 이길 수 없는 전쟁상태.

【按】본문에 대한 설명이라는 뜻이다. 저자 스스로 본문과 구분하여 설명하는 경우도 있고 뒷사람이 주석의 의미로 덧붙이는 경우도 있다. 여기서는 구체적으로 누가 언제 이 문장을 덧붙였는지 알 수 없으며, 판본에 따라 가감이 심하여 무곡(无谷)의 역주본에는 많은 양을 누락하고 있다.

삼
십
륙
계

제1부
승전계 勝戰計

충분히 승리할 수 있는 조건일 때의 계책이다. 주도면밀한 계략과 모책을 써서 승리를 이끌어 내는 술수이다. 만천과해瞞天過海·위위구조圍魏救趙·차도살인借刀殺人·이일대로以逸待勞·진화타겁趁火打劫·성동격서聲東擊西 등 여섯 가지 계책을 제시하고 있다.

손자(孫子, 孫武)

만천과해瞞天過海

하늘을 속이고 바다를 건너라

제1계:

神亭搏戰

겉으로 드러난 준비가 너무 주도면밀하면 오히려 그 위세 때문에 태만해지기 쉽고, 평상시 나타난 상황만 보고 있다가는 전혀 상대를 의심하지 않는 경우가 생긴다.

음陰이란 늘 양陽에 속해 있는 것이지 양의 대립으로 존재하는 것이 아니다. 지극한 양陽 속엔 반드시 지극한 음陰이 내재되어 있다.

備周則意怠, 常見則不疑. 陰在陽之內, 不在陽之對. 太陽, 太陰.

음모와 책략의 운용은 시간과 장소를 위배할 수 없는 행동으로, 야밤중에 도둑질을 한다든지 아무도 모르는 골목에서 살인을 저지르는 일은 지극히 파렴치한 짓으로 모사謀士가 할 행동이 못된다.

이를테면 개황開皇 9년(589) 크게 병력을 일으켜 진陳나라를 칠 때 먼저 수나라 장수 하약필賀若弼이 장강을 따라 방위하고 있던 모든 군사를 매번 교대할 때마다 반드시 역양歷陽으로 집결하였다가 흩어지도록 하였다. 그리하여 깃발이 운집하여 펄럭였고 그곳에 친 군사 막영이 온 들을 다 덮었다. 진나라 군사들은 대병력이 다가온 줄 알고 나라 안의 모든 병사와 말들을 모두 징발하였으나, 이윽고 수나라 수비 군사가 교대하는 것임을 알고 다시 모두 해산하고 말았다. 뒤에 이러한 일이 일상이 되자, 진나라는 더 이상 대비책을 세우지 않게 되었다. 하약필의 군대가 드디어 대군을 이끌고 장강을 건넜지만, 진나라 군대는 이를 알아차리지 못하였다. 이를 근거로 남서주南徐州를 습격하여 탈취해 버렸다.

한편 삼국시대에 공융孔融이라는 자가 적군에게 포위되었을 때 함께 있던 태사太史 자慈가 모책을 써서 이를 구한 이야기를 보라. 태사자는 채찍과 활, 그리고 단지 두 사람의 기사騎士만 데리고 나섰다. 그리고 이들 기사들에게 과녁 한 개씩을 가지고 나서게 하였다. 성 안의 아군은 물론 이를 본 성 밖의 적병들조차 그의 무모한 듯한 행동에 놀랐다. 태사 자는 태연히 이들을 데리고 성 아래의 참호에 들어가 가지고 온 과녁을 세워 놓고는 사격연습을 하고는 되돌아왔다.

이튿날도 태사 자는 똑같은 행동을 되풀이하였다. 그러자 포위하고 있던 적군들은 혹은 신기한 듯 구경하고 어떤 병사는 잠이나 자자고 벌렁 누워 휴식을 취하고 있었다.

이처럼 사나흘을 계속하자 더 이상 주의해서 보려는 자도 없었다. 이 때 태사 자는 이미 비상식량과 짐을 완전히 준비하고는 말을 몰아 채찍을 휘두르며 적 포위망을 뚫고 내달았다. 적군이 발견하였을 때 그는 이미 멀리 사라진 후였다. 그리고 그는 유비에게 달려가 공융을 구해 줄 것을 청하여 일을 성사시킨 것이다.

按: 陰謀作爲, 不能于背時秘處行之. 夜半行竊, 僻巷殺人, 愚俗之行, 非謀士之所爲也.

如開皇九年, 大擧伐陳. 先是弼請緣江防人, 每交代之際, 必集歷陽, 大列旗幟, 營幕蔽野. 陳人以爲大兵至, 悉發國中士馬, 旣而知防人交代, 其衆復散. 後以爲常, 不復設備. 及若弼以大軍濟江, 陳人弗之覺也. 因襲南徐州, 拔之.

昔孔融被圍, 太史慈將突圍求救. 乃帶鞭彎弓將兩騎自從, 各作一的持之. 開門出, 圍內外觀者幷駭. 慈竟引馬至城下塹內, 植所持的射之, 射畢還. 明日復然, 圍下人或起或臥. 如是者再, 乃無復起者. 慈遂嚴行蓐食, 鞭馬直突其圍. 比敵覺, 則馳去數里矣.

【瞞天過海】 궤계(詭計)는 반드시 공개된 행동 속에 숨겨 안전하게 바다를 몰래 건너듯 처리해야 한다는 뜻이다. 천은 지극히 상식적인 법칙을 말한다. 하늘의 이치로 보아 그럴 수밖에 없는 것도 속이고 감추라는 뜻이다.

【陰陽】 병법에서 陰은 機密·隱蔽·隱藏의 뜻이며, 陽은 公開, 露出을 뜻함.《揭子兵經》下卷 秘에 "謀成於秘, 敗於泄. 三軍之事, 莫重於秘"라 하였고 같은 곳 陰에는 "陰者, 幻而不測之道. 有用陽而人不測其陽, 則陽而陰矣; 有用陰而人不測其陰, 則陰而陽矣. 善兵者, 或假陽而行陰, 或運陰而濟陽, 總不外於出奇握機, 用襲用伏, 而人卒受其制. 詎謂陰謀之不可以奪陽神哉!"라 함.

【謀士】 원래 고대 軍職. 모책을 짜는 일을 전문으로 하는 자.《六韜》龍道 王翼篇에 "謀士五人, 主圖安危, 慮未萌, 論行能, 明賞罰, 授官位, 決嫌疑, 定可否"라 함.

【開皇】 隨 文帝(楊堅)의 연호(581~604). 당시 천하를 통일하기 위하여 남조의 마지막 왕조 陳나라를 공격하고 있었음. 개황 9년은 589년에 해당함.

【陳】 남조(宋·齊·梁·陳)의 마지막 조대로 陳覇先(陳 武帝)이 558년에 南京을 도읍으로 하여 589년 後主 叔寶가 隋 文帝에게 망함.

【賀若弼】544~607. 자는 寶伯. 수나라 때 낙양 사람으로 賀若敦의 아들. 아버지가
宇文護에게 해를 입어 죽음을 당할 때 그 유언을 받들어 陳나라 토벌에 나섰음.
처음 그는 北周에 벼슬하였으나 수나라가 들어서자 문제에게 발탁되어 吳州總官
이 되어 진나라를 멸할 열 가지 책략을 내놓았으며, 이를 실현하여 진나라를
멸하고 수나라 천하통일에 큰 공을 세웠음. 大將軍이 되었으나 재상에 오르지
못한 것을 한으로 여기자, 煬帝 때 미움을 받아 주살당함.《北史》(68)와《隋書》
(52)에 전이 있음.

【江】장강을 가리킴. 수나라 군대가 진나라 군대와 대치하여 수비하고 있었음.

【歷陽】지금의 安徽省 和縣 근처.

【南徐州】지금의 江蘇省 鎭江市.

【孔融】자는 문거(文擧, 135~208) 동한 말부터 삼국시대 인물로 魯 땅 曲阜
사람. 孔子의 20세 후손. 孔宙(太山都尉)의 아들로 재주와 학문이 있었으며,
벼슬은 중랑장(中郎將)을 거쳐 북해(北海)태수를 지냄. "時時了了"의 고사를
남김. 王粲·劉楨 등과 함께 "建安七子"라 불림.《後漢書》(70)에 전이 있음.
당시 황건장(黃巾將)인 관해(管亥)란 자가 북해의 식량을 탐내어 北海城을 포위
하고 군량미를 요구하였음. (참고:《三國志》魏志 崔琰傳)

【太史慈】166~206. 삼국시대 인물로 자는 자의(子義). 공융의 사랑을 받았음.
遼東에 피신해 살고 있다가 北海에 남겨둔 어머니를 뵈러 온 사이 포위를 당하자
공융을 살리려고 위와 같은 계략을 써서 포위를 풀게 하였다 함.《三國志》吳志
太史慈傳 참조.

【的】과녁.

【嚴行】주도면밀하게 준비하여 긴급히 처리함.

【蓐食】풀을 깔고 밥을 먹음.

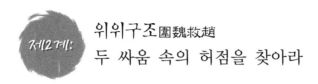

제12계: 위위구조 圍魏救趙

두 싸움 속의 허점을 찾아라

馬陵伏弩

한 곳에 집중된 적은 분산시켜 맞서느니만 못하고, 정면충돌보다는 한 발 물러나 숨은 싸움을 벌이느니만 못하다.

共敵不如分敵, 敵陽不如敵陰.

작전은 곧 치수治水와 같다. 우선 예봉銳鋒은 피해야 한다. 마치 홍수로 쏟아지는 물이 그 흐름만 잡아 틀어주면 바로 곁에 서 있어도 안전한 것과 같다. 또한 시간 여유가 있는 약한 작전은 그 허점을 보완하면 된다. 마치 홍수가 이르지 않았을 때 댐을 쌓듯이 하면 된다. 그러므로 제齊나라가 조趙나라를 구해 낼 때 손자孫子는 전기田忌에게 이렇게 말하였다.

"무릇 얽힌 실을 푸는 데 힘센 주먹으로 나서지 않으며, 싸움을 말리는 자가 격투를 벌여 해결하겠다고 나서지는 않는 법이다. 그들의 허점을 파고들어 그들의 형세를 불리하게만 하고 더 이상 어쩔 수 없게 막아주기만 하면 저절로 해결되는 것이다."(《史記》 孫子吳起列傳)

按: 治兵如治水; 銳者避其鋒, 如導流; 弱者塞其虛, 如築堰. 故當齊救趙時, 孫子謂田忌曰「夫解雜亂糾紛者不控拳; 救鬪者不搏擊. 批亢搗虛, 形格勢禁, 則自爲解耳.」(《史記》 孫子吳起列傳)

【圍魏救趙】B.C.353년 魏나라가 趙나라를 공격하여 조나라 서울 한단(邯鄲)을 포위하였다. 이에 조나라는 이웃 제(齊)나라에게 구원을 요청하였다. 제나라는 즉시 전기(田忌)를 장수로 삼고, 손빈(孫臏)을 군사장(軍師將)으로 삼아 출병을 서둘렀다. 당시 전기는 원래 곧바로 병사를 이끌고 한단으로 직진하여 조나라를 도울 생각이었으나 손빈의 작전은 달랐다.

"위나라의 정예부대가 모두 한단 포위작전에 투입되어 위나라 국내는 텅 빈 상태! 그러므로 우리는 위나라의 서울인 대량(大梁)으로 진격하는 겁니다. 이렇게 되면 조나라의 위급함은 저절로 풀릴 것이요, 위나라는 등과 배에 모두 종기가 나서 항복하고 마는 형상이 되지요."

손빈의 작전대로 하자, 과연 위나라는 황급히 한단에서 물러나 자기의 서울 대량의 불끄기에 바빴다. 이에 제나라 군사는 계릉(桂陵)에서 이들을 기다려 퇴패시키고 말았다.

【共敵】 병력을 집중시켜 한 곳에 모여 있는 적군.

【分敵】 적을 분산시킴.《吳子》論將에 "輕兵往來, 分散其衆"이라 하였다.

【敵陽·敵陰】 고대 병법 용어. 먼저 적을 제압하는 전략을 陽이라 하며, 환경을 충분히 조성한 다음 나중에 나서서 적을 제압하는 전략을 陰이라 함. 〈武經七書直解〉《李衛公問對直解》卷中에 "後則用陰, 先者用陽, 是兵以先爲陽, 後爲陰也. 盡敵陽節者, 是待敵陽氣之衰也; 盈吾陰節而奪之者, 是盛吾後軍之陰氣, 而乘彼陽氣之衰而奪之也. 此兵家陰陽之微妙者也"라 함. 따라서 여기서 敵은 '대적하다'의 술어. 陽과 陰은 兵法 용어로 陽은 정면대결, 선제공격의 뜻으로 널리 쓰이고 陰은 묘책을 써서 대적하는 것을 말한다.

【治兵如治水】 전쟁, 병법은 오히려 음양오행(五行)으로 보면 火에 해당할 것 같으나 고대 용병가들은 모두 "水"로 보고 있다.《孫子》허실편(虛實篇)에 "무릇 병법이란 오행 중에 물에 해당한다. 물의 형상은 오히려 높은 곳(實)을 피하여 아래(虛)로 내려온다. 병법의 형상도 실(實)을 피하고 허(虛)를 치는 법. 물이 땅에 의하여 제압되듯이 병법은 적에 의하여 승리가 만들어진다. 고로 병법이란 상세(常勢)가 있을 수 없으니 마치 물이 상형(常形)이 없는 것과 같다." (夫兵形象水, 水之形, 避高而趨下. 兵之形, 避實而擊虛, 水因地而制流, 兵因敵而制勝, 故兵無常勢, 水無常形)라 하였다.

【築堰】 제방(둑)을 쌓아 물을 가둠. 저수지나 댐을 만듦을 말함.

【孫子】 여기서는 孫臏을 가리킴.《史記》에 전이 있으며 그 원문에 "其後魏伐趙, 趙急, 請救於齊. 齊威王欲將孫臏, 臏辭謝曰:「刑餘之人不可.」於是乃以田忌爲將, 而孫子爲師, 居輜車中, 坐爲計謀. 田忌欲引兵之趙, 孫子曰:「夫解雜亂紛糾者不控捲, 救鬪者不搏撠, 批亢擣虛, 形格勢禁, 則自爲解耳. 今梁趙相攻; 輕兵銳卒必竭於外, 老弱罷於內. 君不若引兵疾走大梁, 據其街路, 衝其方虛, 彼必釋趙而自救. 是我一擧解趙之圍而收弊於魏也.」田忌從之, 魏果去邯鄲, 與齊戰於桂陵, 大破梁軍"라 함.

【田忌】 齊나라의 장수.

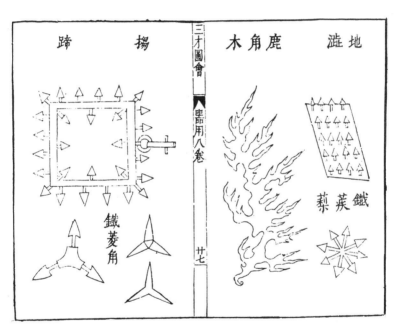

《三才圖會》에 실려 있는 고대 각종 전투 장비

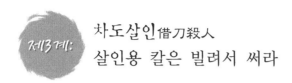

차도살인借刀殺人
살인용 칼은 빌려서 써라

제3계:

적은 확실히 밝혀졌는데 이웃이 머뭇거리거든 그 이웃을 끌어들여 적과 싸움을 붙여라.

자기 힘 들이지 않고 이기는 법이니 《주역》의 손損패를 살펴 연구해 보라.

敵已明, 友未定, 引友殺敵, 不出自力, 以《損》推演.

적의 형상은 확실히 보이는데 또 다른 세력이 옆에서 커지고 있을 때는 마땅히 이 세력을 부추겨 그 적과 싸움을 붙이는 것이다.

이를테면 춘추시대 정鄭 환공桓公이 회鄶나라를 칠 때 먼저 회나라 호걸과 양신, 변별력 있고 지혜로운 자, 과감한 선비들의 성과 이름을 모두 조사하여 회나라의 좋은 농토를 뇌물로 주고 관직과 작위의 명칭을 주겠노라 글로 써서 회나라 곽문 밖에 단을 설치하고 묻어두었다. 그리고 닭과 돼지의 피를 발라 맹약을 맺은 것처럼 문서도 만들었다. 회나라 임금이 나라 안에 내통하는 자가 있다고 여겨 그 명단에 오른 양신들을 모두 죽여 버렸다. 이에 정나라 환공은 회나라를 습격하여 드디어 그 나라를 차지하고 말았다.(《韓非子》 內儲說下)에 실려 있다.

제갈량諸葛亮이 오吳나라와 연합하여 위魏나라에 대항하여 조조曹操의 군사를 적벽赤壁에서 크게 깨뜨렸다. 게다가 촉蜀의 장군 관우關羽가 위나라 번성樊城과 양양襄陽을 포위하자 조조는 도읍을 옮겨 관우의 위협으로부터 벗어나고자 하였다. 이 때 사마의司馬懿와 장제蔣濟가 조조에게 이렇게 말하였다.

"유비劉備와 손권孫權은 겉으로는 친척이지만 실제로는 아주 먼 관계입니다. 관우가 뜻을 얻게 되면 손권으로서는 불편하게 됩니다. 그러니 손권에게 사람을 보내어 관우의 뒤를 치게 하십시오. 그리고 강남江南을 분할하여 손권에게 봉해 주겠다고 허락하십시오. 이렇게 되면 번성의 포위는 저절로 풀릴 것입니다."

조조는 그들의 의견을 받아들였고, 과연 관우는 손권에게 사로 잡히고 말았다.(《長短經》 格形)

그리고 또 한 예로 자공子貢이 노魯나라를 보존시키면서 제齊나라는 혼란에 빠지게 하였으며, 오吳나라를 파멸시키면서 진晉나라를 강하게 해준 원리와 같다.(《史記》 仲尼弟子列傳)

按: 敵象已露, 而另一勢力更張, 將有所爲, 應借此力以毀敵人.

如鄭桓公將襲鄶, 先問鄶之豪傑・良臣・辨智・果敢之士, 盡與姓名, 擇鄶之良田賂之, 爲官爵之名而書之; 因爲設壇場郭門之外而埋之, 釁之以鷄瑕, 若盟狀. 鄶君以爲內難也, 而盡殺其良臣. 桓公襲鄶, 遂取之.(《韓非子》內儲說下)

諸葛亮之和吳拒魏及關羽圍樊・襄, 曹欲徙都, 懿及蔣濟說曹曰:「劉備・孫權外親內疎, 關羽得志, 權必不願也. 可遣人勸躡其後, 許割江南以封權, 則樊圍自解.」曹從之, 羽遂見擒.(《長短經》格形)

如子貢之存魯・亂齊・破吳・强晉.(《史記》仲尼弟子列傳)

【借刀殺人】남의 칼을 빌려 적을 죽여 없앰. 이웃나라를 부추겨 자신의 적을 치도록 계략을 꾸미는 것을 말함.《兵法圓機》下卷 借에 "古之言借者, 外援四裔, 內約與國, 乞師以救助耳. 惟對壘設謀, 彼此互角而有借法, 借法乃巧. 蓋艱于力, 則借敵之力; 不能誅, 則借敵之刃; 甚至無財, 而借敵之財. 無物, 而借敵之物; 鮮軍將, 而借敵之軍將. 不可智謀, 而借敵之智謀; 吾欲爲者誘敵役, 則敵力借矣; 兵欲斃者詭敵殲, 則敵刃借矣. 撫其所有, 則爲借敵之財物; 令彼自鬪, 則爲借敵之將軍; 飜彼着爲我着, 因其計成吾計, 則爲借敵之智謀. 不必親行, 坐有其事. 己所難措, 假手於人. 敵爲我資, 而不見德. 我驅之役, 法令俱泯. 甚且以敵借敵, 借敵之借, 使敵不知而終爲我借, 使敵旣知而不得不爲我借, 則借法巧也"라 함.

【引友殺敵】친구를 끌어들여 적을 죽이도록 함.《六韜》少衆에 "以弱擊强者, 必得大國與隣之助"라 함. 한편《孫子》九地篇에 "衢地則合交"라 하였고,《百戰奇略》交戰에는 "凡與敵戰, 傍與交國, 當卑詞厚賂以結之, 引爲己援. 若我攻敵人之前, 彼掎其後, 則敵人必敗. 法曰: 衢地則合交"라 함.

【損卦】《周易》제41의 山澤損卦. 괘상은 艮上兌下로 위의 세 효는 山(☶)을, 아래 세 효는 못(☱)을 상징하여, 눈앞에 보이는 이익을 버리고 공공의 이익을 중시하면 우선 손해 같으나 도리어 큰 이익이 된다는 논리이다. 본문에서 이 손괘를 살려 연구하라 함은 이 괘를 형태대로 뒤집으면 風雷益〈제42괘〉가 된다. 따라서 강강(剛强)을 덜어서 유약(柔弱)을 보태는 것은 때가 있다는 것이다. 덜고, 보태고, 차고, 기우는 천지자연의 이치는 그 시의에 적절하게 운용해야 하며, 겉으로 드러난 손익에 집착하여 대사를 그르쳐서는 안 된다는 뜻이다.

【鄭桓公】춘추시대 중원에 있던 나라. 환공은 춘추 초기의 정나라의 영명한 군주로 36년간(B.C.806~771) 재위하였음.

【鄶】춘추시대 정나라 옆에 있던 작은 나라.

【釁】제후나 경대부의 맹약에 희생의 피를 묻힘을 말함.

【鷄豭】닭과 수퇘지. 맹약에서 희생으로 사용하였음. 이상의 이야기는《韓非子》內儲說下에 "鄭桓公將欲襲鄶, 先問鄶之豪傑・良臣・辯智・果敢之士, 盡與姓名, 擇鄶之良田賂之, 爲官爵之名而書之. 因爲設壇場郭門之外而埋之, 釁之以鷄豭, 若盟狀. 鄶君以爲內難也, 而盡殺其良臣. 桓公襲鄶, 遂取之"라 하였음.

【諸葛亮】자는 孔明(191~234). 한말 陽都人. 은거하여 스스로 밭을 갈며 자신을 管仲과 樂毅에 비교하여 사람들이 그를 臥龍先生이라 불렀음. 뒤에 蜀漢 劉備의 三顧草廬로 불려가 天下三分之策을 정하고 유비를 도와 荊州와 益州를 차지하여 吳・蜀・魏 삼국정립을 이루었음. 유비의 유촉에 의해 그 아들 劉禪을 도와〈出師表〉를 쓰고 북벌을 시도했으나 五丈原에서 생을 마침. 죽은 뒤 武鄕侯에 봉해졌으며 시호는 忠武.《三國志》(35)에 전이 있음.

【曹操】魏武帝(155~220). 자는 孟德. 어릴 때는 阿瞞으로 불렸음. 沛國 출신으로 기지와 변화는 물론 문장에도 뛰어났으며, 曹丕의 아버지로 한말 세력을 키워 魏나라를 건립하는 기초를 세움. 아들 조비가 獻帝로부터 선양을 받아 武帝로 추존함.《孫子略解》・《兵書接要》・《曹操集》등이 있음.《三國志》(1)에 紀가 있음.

【關羽】蜀의 장수. 유비를 도와 촉한의 건국에 큰 공을 세움.《삼국지》및《三國志演義》참조.

【司馬懿】司馬宣王. 晉 宣帝. 자는 仲達(179~251). 溫縣人. 司馬師와 司馬昭의 아버지이며 司馬炎(西晉의 첫 황제 晉武帝. 265~290 재위)의 할아버지. 曹操가 승상이 되자 그의 掾이 되었다가 능력을 인정받아 尙書를 거쳐 撫軍에 올라 蜀漢을 막음. 뒤에 大將軍 曹爽과 함께 漢나라 정권을 휘둘렀으며 諡號는 '文'으로 하였다가 다시 '宣文'이라 하였으며 魏 元帝(陳留王) 때 '宣王'으로 부름. 司馬炎이 魏나라를 이어받고 황제가 되어 宣帝라 추존하였음.《晉書》(1)에 紀가 있음.

【蔣濟】조조를 도와 모책을 세웠던 인물. 뒤에 司馬懿를 도움.

【劉備】자는 玄德(161~223). 涿縣人. 한나라 景帝의 아들인 中山靖王 劉勝의 후손. 關羽, 張飛와 결교하여 黃巾賊의 난을 평정하고 安喜尉가 되었으며, 曹丕와

대립하여 諸葛亮을 三顧草廬로 모셔 赤壁之戰 뒤에 成都로 들어가 蜀漢을 세워 삼국정립의 판세를 형성함. 뒤에 彝陵에서 패하여 白帝城에서 죽음. 시호는 昭烈帝.《三國志》(2)에 기가 있음.

【孫權】 자는 仲謀(182~252). 삼국 吳나라 大帝. 江東에 손씨 집안이 이루어놓은 세력을 바탕으로 강동 6군을 점거하고, 222년에 吳王으로 책봉을 받은 다음 229년에 자립하여 帝를 칭하며 국호를 吳라 하였으며, 즉시 武昌에서 建業으로 수도를 옮겨 삼국시대를 열었음. 재위 23년 만에 죽어 그 아들 孫亮이 뒤를 이음.《三國志》(47)에 전이 있음. 이상의 이야기는《長短經》格形에 실려 있음.

【子貢】 B.C.520~?. 이름은 단목사(端木賜). 춘추시대 위(衛)나라 사람으로 공자의 제자이며 언변과 외교술 등에 뛰어났던 활동가. 당시 孔子의 조국이던 魯나라가 齊나라의 침략을 받자 이를 구해주기 위해 외교술을 벌였으며, 먼저 제나라에 이르러 노나라를 칠 것이 아니라 오(吳)를 치도록 술수를 부린 다음, 이번에는 오나라에 이르러 노나라가 침공을 받아 무너지면 다음은 당신 나라 차례일 것이니 제나라에 선전포고할 것을 제의, 이제 오·제가 싸움이 붙자 이번에는 진(晉)나라로 가서 진 정공(定公)에게 오나라가 진을 공격할 것이니 방비를 할 것을 주장함. 뒤에 결국 오나라가 진나라를 쳐들어오자 이를 쳐서 멸망시킴. 이렇게 하여 노나라는 아무런 병화를 입지 않았고 도리어 제나라는 혼란에 빠졌고, 오나라는 망하였으며 진(晉)나라는 부강해짐. 이를 두고 "存魯·亂齊·破吳·强晉"이라 한 것임.(《史記》仲尼弟子列傳 참조)

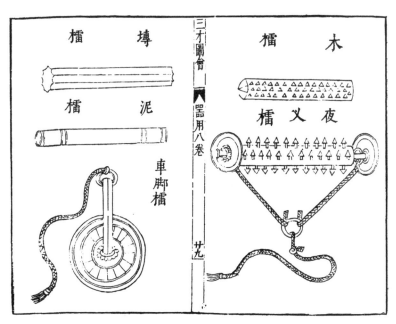

《三才圖會》에 실려 있는 고대 각종 전투 장비

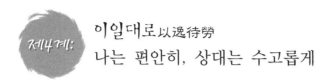

제4계: 이일대로以逸待勞
나는 편안히, 상대는 수고롭게

적이 곤핍한 틈을 이용하면 싸우지 않고도 이길 수 있다.

이것이 상대의 강한 것을 덜어서 나의 약한 것을 보익補益해
주는 원리이다.

困敵之勢, 不以戰, 損剛益柔.

按語　이것은 바로 적군을 올가미에 유인하여 고생시키는 방법이다. 《손자》에 "무릇 먼저 전장에 나가 적을 깨뜨릴 기회를 만들어 대비하는 자는 편안할 것이요, 뒤에 그 자리에 나가 급히 전투에 임해야 하는 자는 수고로울 것이다. 그러므로 병법을 잘 운용하는 자는 남을 제압하지 남에게 제압당하지 않는 것이다"라 하였다.(《孫子》 虛實篇)

이처럼 병법서에 적을 논하되 그 주도권을 누가 잡느냐를 중시하고 있다. 그 목적은 지형의 선택이나 시의의 적절성을 살펴 기회를 포착하여 적을 섬멸하는 데에만 있지 않고 도리어 중과부적일 때의 대처방법과 불변으로써 만변萬變을, 작은 변화로써 큰 변화를, 정靜으로써 동動을, 미微로써 현顯을 제압할 수 있는 원리를 일깨워 주는 것이다. 이렇게 하여 피동을 뒤집어 주동主動으로, 원심력을 구심력으로 바꾸어 주도권을 잡을 수 있게 되는 것이다.

이를테면 관중管仲이 제齊나라에서 군대를 거느리면서도 내정을 맡아보았으니 이는 실제로 전쟁을 대비한 것이다.(《史記》 管晏列傳)

그리고 손빈孫臏은 마릉馬陵에 매복했다가 방연龐涓을 쳤다.(《史記》 孫子吳起列傳)

이목李牧은 안문雁門을 지키면서 오래도록 싸우지 않았으나 이는 실제로 전투를 대비한 것이요, 결국 전투를 벌여 흉노匈奴를 대파하였다.(《史記》 廉頗藺相如列傳 附)

按: 此卽致敵之法也.

兵書云:「凡先處戰地而待敵者佚, 後處戰地而趨戰者勞. 故善戰者, 致人而不致于人.」(《孫子》虛實篇)

兵書論敵, 此爲論勢. 則其旨非擇地以待敵, 而在以簡馭繁, 以不變應變, 以小變應大變, 以不動應動, 以小動應大動, 以樞應環也.

如管仲寓軍令于內政, 實而備之.(《史記》管晏列傳)

孫臏于馬陵道伏擊龐涓.(《史記》孫子吳起列傳)

李牧守雁門, 久而不戰, 而實備之, 戰而大破匈奴.(《史記》廉頗藺相如列傳 附)

【以逸待勞】 유리한 위치를 미리 확보해 놓고 상대가 피로에 지쳐 굴복해 오도록 기다리는 원리로써 《孫子》 군쟁편(軍爭篇)에 "가까운 것으로 먼 것을 대하고, 편안한 것으로 상대의 수고로움에 대하며 배부를 때 배고픈 적과 싸우는 것, 이것이 힘을 다스릴 줄 아는 자이다"(以近待遠, 以佚待勞, 以飽待饑, 此治力者也)라 하여 우선 조건 자체에서 자신에게 현격하게 유리한 차이가 나도록 상황을 조성해 둠을 일컫는다. 그리고 《後漢書》 馮異傳에 "夫攻者不足, 守者有餘, 今先據城, 以逸待勞, 非所以爭也"라 하였다.

【兵書】 《孫子》를 가리킴. 위의 구절은 허실편(虛實篇) "孫子曰: 凡先處戰地而待敵者佚, 後處戰地而趨戰者勞. 故善戰者, 致人而不致於人"라 하였으며, '佚'은 '逸'과 같음. '勞'와 상대되는 의미. 이 구절에 대하여 張預는 "形勢之地, 我先據之, 以待敵來, 則士馬閑逸, 而力有餘"라 함.

【趨】 梅堯臣은 "先至待敵則力完, 後至趨戰則力屈"이라 하였고 張預는 "便利之地, 彼已據之, 我方趨彼以戰, 則士馬勞倦而力不足"이라 함.

【管仲】 춘추 초기 齊 桓公을 도와 그를 春秋五霸의 수장으로 만든 재상. '管鮑之交'의 고사를 낳았으며 《사기》에 그 전이 실려 있음. 그가 내정을 맡은 재상이었지만 도리어 군사 업무까지 관장하여 전쟁을 준비하였음을 뜻함.

【孫臏】 전국시대 제나라 장군. 《孫臏兵法(齊孫子)》을 지음. 《史記》 孫子吳起列傳에 그가 방연을 마릉에서 대패시킨 고사가 다음과 같이 실려 있음.

"後十三歲, 魏與趙攻韓, 韓告急於齊. 齊使田忌將而往, 直走大梁. 魏將龐涓聞之, 去韓而歸, 齊軍旣已過而西矣. 孫子謂田忌曰:「彼三晉之兵素悍勇而輕齊, 齊號爲怯, 善戰者因其勢而利導之. 兵法, 百里而趣利者蹶上將, 五十里而趣利者軍半至. 使齊軍入魏地爲十萬竈, 明日爲五萬竈, 又明日爲三萬竈」龐涓行三日, 大喜, 曰:「我固知齊軍怯, 入吾地三日, 士卒亡者過半矣.」乃弃其步軍, 與其輕銳倍日幷行逐之. 孫子度其行, 暮當至馬陵. 馬陵道陜, 而旁多阻隘, 可伏兵, 乃斫大樹白而書之曰「龐涓死于此樹之下」. 於是令齊軍善射者萬弩, 夾道而伏, 期曰「暮見火擧而俱發」. 龐涓果夜至所木下, 見白書, 乃鑽火燭之. 讀其書未畢, 齊軍萬弩俱發, 魏軍大亂相失. 龐涓自知智窮兵敗, 乃自剄, 曰:「遂成豎子之名!」齊因乘勝盡破其軍, 虜魏太子申以歸. 孫臏以此名顯天下, 世傳其兵法."

【馬陵】지금의 河北省 大名縣 동남쪽.

【李牧】전국시대 趙나라 장수로 흉노를 토벌한 인물.《史記》廉頗藺相如列傳에 다음과 같이 실려 있음.

"李牧者, 趙之北邊良將也. 常居代鴈門, 備匈奴. 以便宜置吏, 市租皆輸入莫府, 爲士卒費. 日擊數牛饗士, 習射騎, 謹烽火, 多閒諜, 厚遇戰士. 爲約曰:「匈奴卽入盜, 急入收保, 有敢捕虜者斬.」匈奴每入, 烽火謹, 輒入收保, 不敢戰. 如是數歲, 亦不亡失. 然匈奴以李牧爲怯, 雖趙邊兵亦以爲吾將怯. 趙王讓李牧, 李牧如故. 趙王怒, 召之, 使他人代將. 歲餘, 匈奴每來, 出戰. 出戰, 數不利, 失亡多, 邊不得田畜. 復請李牧, 牧杜門不出, 固稱疾. 趙王乃復彊起使將兵. 牧曰:「王必用臣, 臣如前, 乃敢奉令.」王許之. 李牧至, 如故約. 匈奴數歲無所得. 終以爲怯. 邊士日得賞賜而不用, 皆願一戰. 於是乃具選車得千三百乘, 選騎得萬三千匹, 百金之士五萬人, 彀者十萬人, 悉勒習戰. 大縱畜牧, 人民滿野. 匈奴小入, 詳北不勝, 以數千人委之. 單于聞之, 大率衆來入. 李牧多爲奇陳, 張左右翼擊之, 大破殺匈奴十餘萬騎. 滅襜襤, 破東胡, 降林胡, 單于奔走. 其後十餘歲, 匈奴不敢近趙邊城. 趙悼襄王元年, 廉頗旣亡入魏, 趙使李牧攻燕, 拔武遂·方城. 居二年, 龐煖破燕軍, 殺劇辛. 後七年, 秦破殺趙將扈輒於武遂, 斬首十萬. 趙乃以李牧爲大將軍, 擊秦軍於宜安, 大破秦軍, 走秦將桓齮. 封李牧爲武安君. 居三年, 秦攻番吾, 李牧擊破秦軍, 南距韓·魏. 趙王遷七年, 秦使王翦攻趙, 趙使李牧·司馬尙禦之. 秦多與趙王寵臣郭開金, 爲反閒, 言李牧·司馬尙欲反. 趙王乃使趙蔥及齊將顏聚代李牧. 李牧不受命, 趙使人微捕得李牧, 斬之. 廢司馬尙. 後三月, 王翦因急擊趙, 大破殺趙蔥, 虜趙王遷及其將顏聚, 遂滅趙."

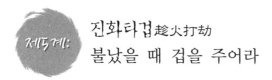

제5계: 진화타겁趁火打劫

불났을 때 겁을 주어라

거열형을 당하는 상앙

적의 손실이 엄중히 큰 때에 그 세를 놓치지 말고 승리를 취해야한다. 이것이 곧 강자가 곤경에 처한 약자에 대한 속전속결의 원리이다.

敵之害大, 就勢取利. 剛決柔也.

按語 적이 내우內憂로 시달릴 때 그 근거지를 겁략해야 하고, 적이 외환外患으로 시달릴 때는 그 백성을 차지해야 하며, 적에게 내우외환이 겹쳤을 때 그 나라를 통틀어 삼켜야 한다.

이를테면 월왕越王 구천勾踐이 오吳나라에 게가 벼를 갉아먹어 모종이 남지 않을 정도로 흉년이 들자, 그 때를 틈타 공격할 모책을 세웠다. 그리고 오왕 부차夫差가 북쪽 황지黃池에서 제후들과 회맹을 하느라 나라를 비우자, 그 틈을 이용하여 이를 쳐 크게 승리를 거두었다. (《國語》 吳語, 越語下)

按: 敵害在內, 則劫其地; 敵害在外, 則劫其民; 內外交害, 則劫其國. 如越王乘吳國內蟹稻不遺種而謀攻之. 後卒乘吳北會諸侯於黃池之際, 國內空虛, 因而搗之, 大獲全勝.(《國語》 吳語·越語下)

【趁火打劫】 원래의 뜻은 남의 집에 불이 난 틈을 이용해 물건을 훔쳐 내오는 도둑질을 말한다. 한편 일의 연마나 승기를 놓치지 말라는 뜻으로 '趁熱打鐵'(쇠는 달았을 때 두드려라)라는 말이 널리 쓰이기도 한다. '趁'은 '~하는 김에, 그 기회를 놓치지 말고'라는 뜻이다.《孫子》計篇에 "亂而取之"라 하였고,《十一家注孫子》의 주에는 "杜牧曰: 敵有昏亂, 可以乘而取之. 傳曰: 兼弱攻昧, 取亂侮亡, 武之善經也. 賈林曰: 我令姦智亂之, 候亂而取之也. 梅堯臣曰: 彼亂, 則乘而取之. 王晳曰: 亂, 謂無節制; 取, 言易也"라 함.

【剛決柔】《주역》 쾌(夬)괘에 '夬, 決也, 剛決柔也'라 하였으며 무슨 일이든 때를 놓치지 말고 과감하게 결단하라는 뜻이다.《周易集解》에는 "坤逆在上, 民衆消滅. 二變時, 離爲戎. 故不利卽戎, 所尙乃窮也"라 함.

【吳越】 춘추 말기 長江 하류에서 세력을 키워 강력한 힘을 발휘한 두 나라. 吳는 지금의 蘇州, 越은 紹興(會稽) 지역을 근거로 발전하였으며, 서로 사이가 지극히 좋지 않아 늘 원수지간으로 다투었음. 越王 勾踐은 范蠡와 文種의 도움을 받았고, 吳王 夫差는 伍子胥와 太宰 伯嚭를 참모로 하여 '臥薪嘗膽' 등의 고사를 남김.

뒤에 오나라는 월에게 망하였음. 《國語》吳語에 "吳王夫差旣殺申胥, 不稔於歲, 乃起師北征, 闕爲深溝, 通於商·魯之間, 北屬之沂, 西屬之濟, 以會晉公午於黃池. 於是越王句踐乃命范蠡·舌庸, 率師沿海泝淮以絶吳路. 敗王子友於姑熊夷, 越王句踐乃率中軍泝江以襲吳, 入其郛, 焚其姑蘇, 徙其大舟"라 하였고, 越語(下)에는 "又一年, 王召范蠡而問焉, 曰:「吾與子謀吳, 子曰「未可也.」 今其稻蟹不遺種, 其可乎?」 對曰:「天應至矣, 人事未盡也, 王姑待之」 王怒曰:「道固然乎, 妄其欺不穀邪? 吾與子言人事, 子應我以天時; 今天應至矣, 子應我以人事. 何也?」 范蠡對曰:「王姑勿怪. 夫人事必將與天地相參, 然後乃可以成功. 今其禍新民恐, 其君臣上下, 皆知其資財之不足以支長久也, 彼將同其力, 致其死, 猶尙殆. 王其且馳騁弋獵, 無至禽荒; 宮中之樂, 無至酒荒, 肆與大夫觴飮, 無忘國常. 彼其上將薄其德, 民將盡其力, 又使之望而不得食, 乃可以致天地之殛, 王姑待之.」"라 함. 그 외에 《史記》吳太伯世家, 越王勾踐世家 등에도 자세히 실려 있음.

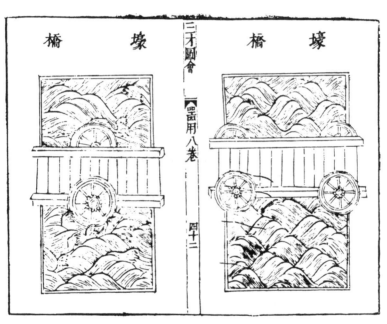

《三才圖會》에 실려 있는 고대 각종 전투 장비

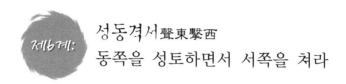

성동격서聲東擊西
동쪽을 성토하면서 서쪽을 쳐라

적군의 지휘계통이 혼란에 빠져 만회할 수 없는 지경에 처하여 곤하태상坤下兌上의 형상이 되면 그 열세를 이용하여 이를 취하라.

敵志亂萃, 不虞, 坤下兌上之象. 利其不自主而取之.

　　서한西漢 경제景帝 때에 오吳·초楚 등 일곱 제후국이 반란을 일으켰다. 당시 한나라 장수 주아부周亞夫는 성을 단단히 지키고 있었다. 오군이 성을 포위하고 동남쪽으로 진공해 올 때 주아부는 도리어 부하들에게 명령하여 서쪽을 굳게 방비하도록 하였다. 얼마 뒤 오나라 군사가 과연 주력부대를 서쪽으로 몰아 진격해 왔으나, 그 수비에 막히고 말았다.(《漢書》周勃傳 附) 이는 곧 지휘관의 지혜가 적을 물리친 것이다.

　　또한 동한東漢 말에 주준朱儁이 황건적을 완성宛城에서 포위하여 공략할 때 그는 먼저 성 곁에 흙으로 산을 쌓고 적정을 살핀 후 북을 치며 군사를 돌려 서남 방향을 공략토록 하였다. 황건적들은 모두 그 곳 방어에 여념이 없었다. 주준은 이에 정병 5천을 거느리고 동북쪽을 공략, 저항을 받지 않고 입성하여 적을 퇴패시켰다.(《後漢書》朱儁傳) 이런 경우 황건적의 주력은 엉뚱한 곳에서 무너져 돌변사태에 대응할 능력을 상실하게 된 것이다.

　　그러므로 동쪽을 성토하면서 서쪽을 치는 책략은 먼저 반드시 적의 지휘관의 의지나 지혜를 잘 살핀 후 결정해야 한다. 적이 혼란에 빠졌을 때는 이런 병법이 성공하지만 그렇지 않을 경우엔 도리어 자패自敗를 초래하게 되니 어찌 보면 위험한 책략이기도 하다.

　　按: 西漢, 七國反, 周亞夫堅壁不戰. 吳兵奔壁之東南陬, 亞夫使備西北; 已而, 吳王精兵果攻西北, 遂不得入.(《漢書》周勃傳 附) 此敵志不亂, 能自主也.

　　漢末, 朱儁圍黃巾於宛. 起土山以臨城內, 鳴鼓攻其西南, 黃巾悉衆赴之; 儁自將精兵五千, 掩東比, 遂乘城虛而入.(《後漢書》朱儁傳) 此敵忘亂萃, 不虞也.

　　然則聲東擊西之策, 順視敵志亂否爲定. 亂則勝, 不亂將自取敗亡. 險策也!

【聲東擊西】 '지동격서(指東擊西)'와 같으며 적의 관심을 딴 곳으로 집중시킨후 의외의 허점을 노리는 병법. 동쪽을 친다고 소리치되 실제로는 서쪽을 침을말한다. 《淮南子》兵略訓에 "將欲西, 而示之以東"이라 하였고, 《六韜》兵道에"欲其西, 襲其東"이라 하였으며, 《百戰奇略》聲戰에 "聲東而擊西, 聲彼而擊此;使敵人不知其所備, 則我所攻者, 乃敵人所不守也"라 함.

【亂萃】 혼란이 심함. 《周易》萃卦에 "象曰: 乃亂乃萃, 其志亂也"라 하였으며《六十四卦經解》에는 "萃, 草貌. 物之聚者, 莫甚於草, 假至也"라 함.

【不虞】 '뜻밖에'라는 뜻을 가지고 있음. 《周易》萃卦에 "象曰: 澤上於地, 萃,君子以除戒器, 戒不虞"라 함. 그리고 《손자》九地篇에는 "兵之情主速, 乘人之不及, 由不虞之道, 攻之所不戒也"라 하였고, 《吳子》圖國篇에는 "簡募良材, 以備不虞"라 함.

【坤下兌上】 《주역》제45의 택지췌(澤地萃)괘. 아래 세 효는 곤(坤)으로 땅(地),위의 세 효의 小成卦는 태(兌)로 못(澤). 이 괘는 함께 모인 물은 궤멸되기쉬우므로 지휘관의 원대한 목표와 정확한 지휘가 없으면 일시에 무너져 실패하고만다는 뜻을 가지고 있음. 《六十四卦經解》에 "澤水止, 故曰聚. 澤上有地臨.聚水者, 地也. 澤上於地, 則聚水者堤防耳. 故有潰決之虞"라 함.

【七國反】 西漢 景帝 때 오·초·교동(膠東)·교서(膠西)·치천(菑川)·제남(齊南)·월(越) 등 7국이 반란을 일으킨 사건. 한초 한나라는 郡國制를 채택하여 종족에게제후국을 세워 봉하였으나, 晁錯의 건의에 의해 劉氏 여러 왕의 권력을 분산시키려하자, 吳王(劉濞)이 나머지 여섯 제후국을 부추겨 晁錯을 주벌한다는 기치 아래반란을 일으킴. 이에 조정에서는 周亞夫에게 명하여 이를 평정토록 함. 《漢書》周勃傳 및 荊燕吳傳 등 참조.

【周亞夫】 ?~B.C.134. 서한의 장수. 주발(周勃)의 아들.《漢書》荊燕吳傳에 "七國
反書聞, 天子乃遣太尉條侯周亞夫將三十六將軍往擊吳楚; 遣曲周侯酈寄擊趙,
將軍欒布擊齊, 大將軍竇嬰屯滎陽監齊趙兵"라 하였으며, 周勃傳에 "文帝後六年,
匈奴大入邊. 以宗正劉禮爲將軍軍霸上, 祝玆侯徐厲爲將軍軍棘門, 以河內守亞
夫爲將軍軍細柳, 以備胡. 上自勞軍, 至霸上及棘門軍, 直馳入, 將以下騎出入
送迎. 已而之細柳軍, 軍士吏被甲, 銳兵刃, 彀弓弩, 持滿. 天子先驅至, 不得入先驅
曰:「天子且至!」軍門都尉曰:「軍中聞將軍之令, 不聞天子之詔.」有頃, 上至,
又不得入. 於是上使使持節詔將軍曰:「吾欲勞軍.」亞夫乃傳言開壁門. 壁門士請
車騎曰:「將軍約, 軍中不得驅馳.」於是天子乃按轡徐行. 至中營, 將軍亞夫揖,
曰:「介胄之士不拜, 請以軍禮見.」天子爲動, 改容式車. 使人稱謝:「皇帝敬勞將軍.」
成禮而去. 既出軍門, 羣臣皆驚. 文帝曰:「嗟乎, 此眞將軍矣! 鄕者霸上·棘門如兒
戲耳, 其將固可襲而虜也. 至於亞夫, 可得而犯邪!」稱善者久之. 月餘, 三軍皆罷.
乃拜亞夫爲中尉"라 함.

【朱雋】 朱儁(?~195)의 오기. 동한 때의 인물로 황건적의 난을 토벌함.《後漢書》
朱儁傳에 다음과 같이 기록됨.

"朱儁字公偉, 會稽上虞人也. 少孤, 母嘗販繒爲業. 儁以孝養致名, 爲縣門下書佐,
好義輕財, 鄕閭敬之. 時同郡周規辟公府, 當行, 假郡庫錢百萬, 以爲冠幘費, 而後
倉卒督責, 規家貧無以備, 儁乃竊母繒帛, 爲規解對. 母既失産業, 深志責之. 儁曰:
「小損當大益, 初貧後富, 必然理也.」本縣長山陽度尙見而奇之, 薦於太守韋毅,
稍歷郡職. 後太守尹端以儁爲主簿. 熹平二年, 端坐討賊許昭失利, 爲州所奏, 罪應
弃市. 儁乃贏服閒行, 輕齎數百金到京師, 賂主章吏, 遂得刊定州奏, 故端得輸作左校.
端喜於降免而不知其由, 儁亦終無所言. 後太守徐珪擧儁孝廉, 再遷除蘭陵令,
政有異能, 爲東海相所表. 會交阯部羣賊並起牧守輭弱不能禁. 又交阯賊梁龍等
萬餘人, 與南海太守孔芝反叛, 攻破郡縣. 光和元年, 卽拜儁交阯刺史, 令過本郡簡
募家兵及所調, 合五千人, 分從兩道而入. 既到州界, 按甲不前, 先遣使詣郡, 觀賊
虛實, 宣揚威德, 以震動其心; 既而與七郡兵俱進逼之, 遂斬梁龍, 降者數萬人,
旬月盡定. 以功封都亭侯, 千五百戶, 賜黃金五十斤, 徵爲諫議大夫. 及黃巾起,
公卿多薦儁有才略, 拜爲右中郞將, 持節, 與左中郞將皇甫嵩討潁川·汝南·陳國
諸賊, 悉破平之. 嵩乃上言其狀, 而以功歸儁, 於是進封西鄕侯, 遷鎭賊中郞將.

時南陽黃巾張曼成起兵, 稱「神上使」, 衆數萬, 殺郡守褚貢, 屯宛下百餘日. 後太守秦頡擊殺曼成, 賊更以趙弘爲帥, 衆浸盛, 遂十餘萬, 據宛城. 儁與荊州刺史徐璆及秦頡合兵萬八千人圍弘, 自六月至八月不拔. 有司奏欲徵儁. 司空張溫上疏曰:「昔秦用白起, 燕任樂毅, 皆曠年歷載, 乃能克敵. 儁討潁川, 以有功效, 引師南指, 方略已設, 臨軍易將, 兵家所忌, 宜假日月, 責其成功.」靈帝乃止. 儁因急擊弘, 斬之. 賊餘帥韓忠復據宛拒儁. 儁兵少不敵, 乃張圍結壘, 起土山以臨城內, 因鳴鼓攻其西南, 賊悉衆赴之. 儁自將精卒五千, 掩其東北, 乘城而入. 忠乃退保小城, 惶懼乞降. 司馬張超及徐璆・秦頡皆欲聽之. 儁曰:「兵有形同而執異者. 昔秦項之際, 民無定主, 故賞附以勸來耳. 今海內一統, 唯黃巾造寇, 納降無以勸善, 討之足以懲惡. 今若受之, 更開逆意, 賊利則進戰, 鈍則乞降, 縱敵長寇, 非良計也.」因急攻, 連戰不剋. 儁登土山望之, 顧謂張超曰:「吾知之矣. 賊今外圍周固, 內營逼急, 乞降不受, 欲出不得, 所以死戰也. 萬人一心, 猶不可當, 況十萬乎! 其害甚矣. 不如徹圍, 幷兵入城. 忠見圍解, 執必自出, 出則意散, 易破之道也.」旣而解圍, 忠果出戰, 儁因擊, 大破之. 乘勝逐北數十里, 斬首萬餘級. 忠等遂降. 而秦頡積忿忠, 遂殺之. 餘衆懼不自安, 復以孫夏爲帥, 還屯宛中. 儁急攻之. 夏走, 追至西鄂精山, 又破之. 復斬萬餘級, 賊遂解散. 明年春, 遣使者持節拜儁右車騎將軍, 振旅還京師, 以爲光祿大夫, 增邑五千, 更封錢塘侯, 加位特進. 以母喪去官, 起家, 復爲將作大匠, 轉少府・太僕.」

【宛】지금의 하남성 南陽市.

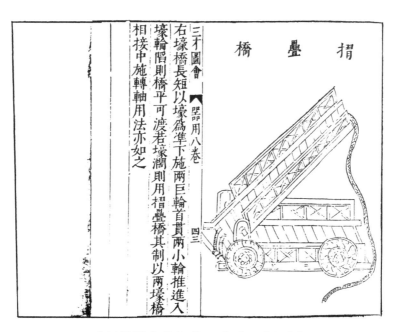

《三才圖會》에 실려 있는 고대 각종 전투 장비

삼십륙계

제2부
적전계 敵戰計

적과 아군의 전세와 전력이 서로 엇비슷할 때의 책략으로 쌍방의 병력에 관계없이 계책을 써서 적을 미혹하게 하는 방법이다.

무중생유無中生有 · 암도진창暗渡陳倉 · 격안관화隔岸觀火 · 소리장도笑裡藏刀 · 이대도강李代桃僵 · 순수견양順手牽羊 등 여섯 가지 계략을 내세우고 있다.

孫臏

三十六計

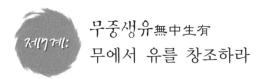

제17계: 무중생유無中生有
무에서 유를 창조하라

吳王 夫差

거짓으로 적을 속이되 그 거짓을 진실로 믿게 해야 된다.
적은 음모나 큰 음모나 모두 가장 확실한 것처럼 만들어야 한다.

誑也, 非誑也, 實其所誑也. 少陰, 太陰, 太陽.

按語 없는 것을 있는 것처럼 보이는 것. 이것은 일종의 속임수이다. 그러나 속임이란 자칫 쉽게 탄로가 나거나 혹은 장기간 계속될 수 없는 취약점을 갖고 있다. 고로 끝까지 속임이 없는 것처럼 위장하기란 쉽지 않다. 이에 거짓이 진실처럼, 빈 것을 찬 것처럼 만드는 책략이 필요한 것이다. 아무것도 없이 적을 무너뜨릴 수는 없다. 있게 만들어야만 적을 이길 수 있다.

예를 들면 영호조令狐潮란 자가 당唐나라 정부군을 옹구雍丘란 곳에서 포위하였을 때 당군의 수장守將인 장순張巡은 화살이 다 떨어지자, 병사들로 하여금 천여 개의 짚으로 만든 허수아비에 검은 옷을 입혀 밤에 성 아래로 줄로 매어 늘어뜨리게 했다.

영호조의 군대는 이것이 당군인 줄 알고 죽어라고 화살을 쏘아댔다. 장순은 이렇게 하여 화살 수십만 개를 얻었다. 그 후 다음 날 밤에 허수아비를 똑같이 꾸며 성 아래로 내려보냈다. 영호조의 군대는 비웃으며 준비를 제대로 하지 않았다. 이에 장순은 몰래 결사대 5백 명을 보내어 적 진영을 무너뜨리고 그 보루를 불태워 도망가는 적을 십여 리나 내쫓았다.(《新唐書》 張巡傳)

按: 無而示有, 誑也. 誑不可久而易覺, 故無不可以終無. 無中生有, 則由誑而眞, 由虛而實矣. 無, 不可以敗敵; 生有, 則敗敵矣.

如令狐潮圍雍丘, 張巡縛稿爲人千餘, 披黑衣, 夜縋城下, 潮兵爭射之, 得箭數十萬. 其後復夜縋人, 潮兵笑, 不設備. 乃以死士五百砍潮營, 焚壘幕, 追奔十餘里.(《新唐書》 張巡傳)

【無中生有】병법상 虛虛實實의 방법으로 적을 대처하는 전략.《尉繚子》戰權에 "戰權在乎道之所極, 有者無之, 無者有之"라 하였으며《老子本義》에 "天下萬物 生於有, 有生於無"라 함.

【誆】속임수. 사기술. 〈武經三書〉《孫子》用間 "死間者, 爲誆事於外"의 주에 "誆事, 虛假之事也"라 하였으며,《六韜》龍韜 論將에 "信而喜信人者, 可誆也"라 하고 주에 "惑之"라 함.

【令狐潮】당나라 때 안록산(安祿山)의 부장(部將). 원래 雍丘縣의 현령이었다가 安史의 난이 일어나자 반란군에 內應하려 하자 그곳 백성들이 이에 반대하여 몰래 성을 빠져나와 토벌군 張巡을 도와 성을 탈환함.

【雍丘】지금의 하남성 기현(杞縣).

【張巡】709~757. 당나라 때 진원(眞源)의 현령으로 군대를 일으켜 안사의 난에 맞섰으며, 뒤에 睢陽(河南省 商丘縣)에서 안록산의 아들 安慶緒의 부장 尹子奇에게 포위되어 끝까지 버티다가 순국함.《舊唐書》(187)와《新唐書》(192)에 전이 있음. 한편《十八史略》(5)에는 "眞源令張巡, 帥吏民哭於玄元皇帝廟, 起兵於雍丘討賊"라 하였고, 같은 곳에 "賊將尹子奇陷睢陽, 張巡·許遠死之. 巡先守雍丘, 移軍寧陵, 屢破賊. 旣而入睢陽, 與遠共守屢卻賊, 食盡, 或欲棄城, 巡遠謀曰:「睢陽江淮之 保障, 若棄之, 賊必長驅, 是無江淮也. 不如堅守以待救.」食茶紙, 盡, 遂食馬, 馬盡, 羅雀掘鼠. 雀鼠又盡, 巡殺愛妾以食士. 四萬人僅餘四百, 終無叛者. 賊登城, 將士困病不能全. 巡西向再拜曰:「臣力竭矣. 生旣無以報陛下, 死當爲厲鬼以 殺賊.」城遂陷, 巡遠被執, 南霽雲, 雷萬春等, 三十六人, 皆被殺"이라 함. 그 외에 《資治通鑑》唐紀(33~36)와《韓昌黎集》張中丞傳後敍를 볼 것.

【縋】끈으로 사람이나 물건을 매어 아래로 내려주는 것.

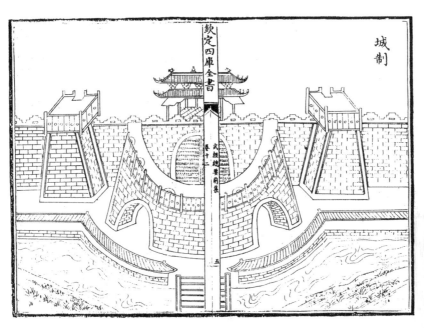

《武經總要》에 실려 있는 고대 각종 전투 시설

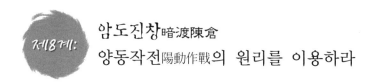

제8계:
암도진창暗渡陳倉
양동작전陽動作戰의 원리를 이용하라

양동작전으로 나의 표면을 보이면서 오히려 나의 내부의 고요함靜을 이용하여 주도권을 잡아라. 드러내어 움직일수록 유리하리라.

示之以動, 利其靜而有主, 益動而巽.

按語 기奇는 반드시 정正에서 나와야 한다. 정正에 바탕을 두지 않으면 기는 나타날 수 없다. 이를테면 한신韓信이 겉으로 드러나게 잔도棧道를 수리하지 않았다면 올 때 진창陳倉을 건널 수 없었을 것이다.

삼국시대 위魏의 장수 등애鄧艾가 촉蜀을 공격할 때에 백수白水의 북쪽까지 진격하였다. 당시 촉의 장수 강유姜維는 즉시 부하인 요화廖化에게 백수의 남쪽에 진을 치게 하여 대치하도록 하였다. 등애는 적정을 살핀 후 부하에게 "강유가 돌연히 군사를 돌이켜 나에게 대항해 오고 있다. 우리 군대가 열세이다. 그런데도 저들이 다리를 만들어 공격을 서둘지 않고 요화를 시켜 대치만 하고 있는 것은 틀림없이 우리의 퇴로를 막고 자신은 동쪽으로 조성洮城을 습격하려는 수작이다"라고 말하고는 밤에 몰래 군대를 지름길로 보내어 요성을 지키게 하였다. 과연 강유는 마침 요성을 공략하기 위해 강을 건너고 있었다. 그러나 등애가 이미 먼저 입성하여 있었으므로 강유는 실패하고 말았다.(《三國志》魏志 鄧艾傳) 이것은 바로 강유가 암도진창暗渡陳倉의 병법을 잘 운용하지 못한 예이며, 등애 쪽에서 오히려 적의 성동격서聲東擊西의 병법을 잘 간파한 결과이다.

按: 奇出於正, 無正則不能出奇. 不明修棧道, 則不能暗渡陳倉.

昔鄧艾屯白水之北, 姜維遣廖化屯白水之南而結營焉. 艾謂諸將曰:「維今卒還, 吾軍少, 法當來渡而不作橋; 此維使化持吾, 今不得還, 必自東襲洮城矣.」艾卽夜潛軍, 徑到洮城. 維果來渡. 而艾先至, 據城, 得以不破.(《三國志》魏志 鄧艾傳)

此則是姜維不善用暗渡陳倉之計, 而艾察知其聲東擊西之謀也.

【暗渡陳倉】 '몰래 진창 땅을 건너다'의 뜻으로 우회전술(迂回戰術)을 뜻한다. 초한전(楚漢戰) 때에 유방(劉邦)의 군대가 포성(褒城)에 진군해 있을 때 장한(章邯)의 피습을 막고 항우(項羽)의 의심을 털기 위해 촉(蜀)의 잔도(棧道)를 모두 불태워 버렸다. B.C.206년 한신이 드디어 한중(漢中)을 나서 출병하려고 할 때 거짓으로 먼저 군사를 시켜 태웠던 잔도를 다시 수리하게 하면서 자신은 몰래 우회도로를 거쳐 진창에 이르러 장한의 군대를 격파한 전술이다. (《사기》 회음후열전 및 《前漢通俗演義》 제22 '用秘計暗渡陳倉' 回目 등 참조)

【益動而巽】 《주역》 익(益)괘에 '움직일수록 유리하고 날로 나아가도 막힘이 없으리라'(象曰: 益動而巽, 日進无疆)의 뜻. 《誠齋易傳》에는 "巽而動者, 動必進. 故曰: 益動而巽"이라 함.

【奇正】 고대 병법 중에 가장 중요하며 자주 거론되는 상대적 대립 개념으로 모략과 전법 등에 널리 쓰이는 용어. 즉 일반적이며 상식적인 것을 일러 '正'이라 하며, 특수하고 기이한 방법, 의외의 작전 등을 '奇'라 함. 《孫臏兵法》 奇正篇에 "奇發而爲正, 其未爲發者, 奇也"라 하였으며, 《唐太宗李衛公問對》에는 "太宗曰: 吾之正, 使敵視以爲奇; 吾之奇, 使敵視以爲正, 斯所謂形人者歟? 以奇爲正, 以正爲奇, 變化莫測, 斯所謂無形者歟?"라 함.

【鄧艾】 자는 士載(197~264). 삼국시대 魏人. 鎭西將軍. 鄧侯에 봉해졌으며 蜀을 벌할 때 成都에 들어가 劉禪을 항복시킴. 뒤에 鍾會의 무고로 衛瓘에게 살해됨. 《三國志》(28)에 전이 있음.

【白水】 환수(桓水), 지금의 사천(四川)성 송반현(松潘縣) 근처.

【姜維】 202~264. 제갈량이 죽은 후 병권을 물려받아 수차에 걸쳐 북벌원정으로 魏를 쳤으며, 그때마다 지나치게 자신의 역량을 과시한 나머지 많은 손실을 입음. 《三國志》 蜀志(14)에 전이 있음.

【廖化】 삼국시대 촉나라 장수. 襄陽 사람으로 자는 元儉. 처음에 黃巾賊에 참가하여 난을 일으켰으나 뒤에 蜀漢에 귀속하여 關羽의 부장이 됨. 姜維가 북벌할 때 선봉장 역할을 하였으며, 太守·刺史 등을 지냄. 中鄕侯에 봉해짐. 《三國志》 蜀志 宗預傳 참조.

【洮城】 조양성(洮陽城). 지금의 감숙(甘肅) 민현(岷縣) 부근.

《武經總要》에 실려 있는 고대 각종 전투 장비

제9계: 격안관화 隔岸觀火
불 구경은 강 건너에서 하라

淮陰侯 韓信

적의 내부분열이 격화되어 서열이 어지러워지면 이쪽은 조용히 기다리라. 그들의 상황이 극도로 악화되어 자신들끼리 반목질시를 넘어 자멸할 형세에 이르면 그때에 비로소 이쪽에서는 순순히 작은 행동으로 자극을 주어보고 그 예중豫證이 맞아떨어지면 적극 행동으로 옮겨라.

陽乘序亂, 陰以待逆. 暴戾恣睢, 其勢自斃. 順以動豫,
豫順以動.

적의 내부분열의 기세가 겉으로 떠올랐을 때 이쪽에서 압력을 가하면 오히려 외부에 관심을 돌리기 위한 정책에 말려들어 이쪽이 공격을 받는다. 그러므로 물러서서 멀리 있어야 한다. 그러면 상대의 혼란은 오히려 가중된다. 삼국시대 위나라 원상袁尙과 원희袁熙 형제가 병마 수천 기를 이끌고 요동으로 도망가 버렸다. 일찍이 요동 태수인 공손강公孫康은 그곳이 중원에서 먼 것을 믿고 위나라에 굴복하지 않고 있는 터였다. 조조曹操가 급한 오환烏丸의 정벌을 끝내고 돌아오자, 어떤 신하가 조조에게 요동을 정벌하고 원씨 형제도 잡아오자고 요청하였다. 이에 조조는 "나는 공손강이 스스로 이 두 놈의 머리를 잘라 내게 와서 바치도록 하겠다. 힘들게 군대를 사용할 필요까지 있겠느냐?"고 하였다. 그 해 9월에 조조가 유성柳城 정벌을 마치고 돌아오자, 과연 공손강이 원씨 형제의 목을 베어 바쳐 왔다. 여러 부하들이 놀라 그 까닭을 물었다. 조조는 "저 공손강은 원래가 원씨 형제를 두려워하고 있었다. 이를 내가 무력으로 해결하려 하였다면 그들은 서로 힘을 합해 내게 대들었을 것이다. 그 형세로 보아 당연히 그런 결과가 나오게 되어 있다"라 말하였다.《三國志》武帝傳

어떤 이가 '이는 병법에 말한 화공법火攻法이다'라고 하였는데, 살펴보면 손자의 화공편에 전반부는 화공법에 대한 것이지만 후반부는 오히려 동병動兵에 신중해야 함을 설명하고 있다. 이는 곧 여기의 격안관화隔岸觀火의 의미와 딱 들어맞는다.

按: 乖氣浮張, 逼則受擊, 退而遠之, 則亂自起.

昔袁尙·袁熙奔遼東, 尙有數千騎. 初, 遼東太守公孫康, 恃遠不服. 及曹操破烏丸, 或說操遂征之, 尙兄弟可擒也. 操曰:「吾方使康斬送尙·熙首來, 不煩兵矣!」九月, 操引兵自柳城還, 康卽斬尙·熙, 傳其首. 諸將問其故, 操曰:「彼素畏尙等, 吾急之則幷力, 緩之則相圖. 其勢然也.」《三國志》武帝傳

或曰: 此兵書火功之道也. 按; 兵書〈火攻篇〉, 前段言火攻之法, 後段言愼動之理, 與隔岸觀火之意, 亦相吻合.

【隔岸觀火】 전쟁 중에 적과 전투를 하지 않고 이기는 방법으로, 마치 먼 산에 앉아 호랑이 싸움을 구경하듯이, 혹은 강 건너 맞은편에 일어난 불을 구경하듯이 함. 직접 싸움에 끼여들지 않고 그 이익을 얻음. 《孫子》軍爭篇에 "以治待亂, 以靜待譁"라 하였으며, 《兵法圓機》에 "時宜守靜, 先動者危, 則捱之; 二敵相搏 必有傷敗, 則捱之; 有衆而猜, 必至自圖, 則捱至"라 함.

【逆】 반역을 일으킴. 역모, 역란을 의미함. 《吳子》圖國에 "國亂人疲, 擧事動衆 曰逆"이라 함.

【暴戾恣睢】 포악하고 잔혹하게 굴며 방자하게 남을 노려봄. 〈无谷本〉에는 '睢'가 '睢'로 되어 있음.

【順以動豫, 豫順以動】 《주역》 제16 예(豫)괘. 괘상은 雷地豫. 그 단(彖)에 "예는 도리에 순응하여 움직인다. 순은 동으로써 예를 잘 살피고 예가 순하면 움직인다. 그러므로 천지가 이렇게 저절로 순행하는 것이다"(彖曰: 豫, 剛應而忘行, 順以動豫, 豫順以動. 故天地爲之)라 함. 한편 《周易集解》에는 "鄭元曰: 坤, 順也. 震, 動也. 順其性而動者, 莫不得. 得其所, 故謂之豫"라 하였다.

【袁尙·袁熙】 삼국시대 원소(袁紹)의 두 아들. 조조에게 모반한 후 오환으로 갔다가 조조가 그 오환을 멸하자, 다시 요동의 공손강에게 부귀하였다가 죽음을 당함. 《三國志》袁紹傳 注에 "尙爲人有勇力, 欲奪取康衆, 與熙謀曰:「今到, 康必 相見, 欲與兄手擊之, 有遼東, 猶可以自廣也.」康亦心計曰:「今不取熙·尙, 無以 爲說於國家.」乃先置其精勇於厩中, 然後請熙·尙等入, 康伏兵出, 皆縛之, 坐於 凍地. 尙寒, 求席. 熙曰:「頭顱行萬里, 何席之有?」遂斬首"라 함.

【遼東】삼국시대 군 이름. 지금의 遼寧省 일대. 치소는 襄平(지금의 遼陽시).

【公孫康】공손탁(公孫度)의 아들로 요동을 다스리고 있었음. 원씨 형제를 참수한 공로로 조조가 좌장군으로 삼아줌.《三國志》魏志 公孫度傳 참조.

【烏丸】오환(烏桓). 퉁구스족의 일부로 지금의 눈강(嫩江) 부근에 있던 민족. 조조에게 멸망당하였음.《三國志》魏志 武帝紀 참조.

【柳城】지금의 요녕성 금현(錦縣) 부근.

【兵書】《孫子》火攻篇을 가리킴. "孫子曰: 凡火攻有五: 一曰火人, 二曰火積, 三曰火輜, 四曰火庫, 五曰火隊. 行火必有因, 煙火必素具. 發火有時, 起火有日. 時者, 天之燥也. 日者, 月在箕·壁·翼·軫也. 凡此四宿者, 風起之日也. 凡火攻, 必因五火之變而應之. 火發於內, 則早應之於外, 火發而其兵靜者, 待而勿攻. 極其火力, 可從而從之, 不可從而止. 火可發於外, 無待於內, 以時發之. 火發上風, 無攻下風. 晝風久, 夜風止. 凡軍必知有五火之變, 以數守之. 故以火佐攻者明, 以水佐攻者强. 水可以絶, 不可以奪. 夫戰勝攻取, 而不修其功者凶, 命曰'費留'. 故曰: 明主慮之, 良將修之. 非利不動, 非得不用, 非危不戰. 主不可以怒而興師, 將不可以慍而致戰. 合於利而動, 不合於利而止. 怒可以復喜, 慍可以復悅. 亡國不可以復存, 死者不可以復生. 故明君愼之, 良將警之. 此安國全軍之道也"라 함.

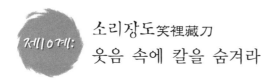

제10계: 소리장도笑裡藏刀
웃음 속에 칼을 숨겨라

荊軻가 진시황을 찌르려는 모습

믿음으로 이를 안심시키고 모책을 몰래 시도하라.
준비를 갖춘 후 행동에 옮겨 중간에 변화가 생기지 않도록 하라.
중심은 강하게 밖은 부드럽게 하는 것이다.

信而安之, 陰而圖之; 備而後動, 勿使宥變. 剛中柔外也.

按語 《손자》항군편行軍篇에 "적군의 말이 겸손하면서도 그 대비를 더욱 철저히 하는 것은 그들이 공격해 올 뜻이 있다는 것으로 알아야 하고, 아무런 약속도 없었는데 화해하자고 해 올 때는 그들이 무엇인가를 도모하고 있는 것으로 이해해야 한다"라 하였다.《孫子》行軍篇) 그러므로 무릇 적이 교언영색으로 접근해 오는 것은 모두가 오히려 공격의 기세가 겉으로 표출된 현상이다.

송나라 때 조위曹瑋가 위주渭州의 자사로 임명되자, 그는 자기 휘하의 군사들을 엄정하게 훈련시켜 당시 인접국가인 서하西夏인들이 대단히 두려워하였다.

어느 날 조위가 마침 자기 부장部將들과 술을 마시고 있을 때, 갑자기 몇천 명의 병사들이 반란을 일으키고는 서하로 도망쳐 버렸다. 그런 상황을 목격한 기병정찰대가 달려와 보고하자, 모두 깜짝 놀라 두려워하였다. 이 때 조위만은 태연자약하게 있었다. 그러면서 천천히 그 기병정찰대에게 "내 명령이다. 이 사실을 떠들고 다니지 말라"라고 일렀다. 서하인들이 이 사실을 알고 곧 조위가 그들에게 쳐들어올 것으로 여겨 도망 온 병사들을 모두 죽여 버렸다. 이것은 조위의 임기응변이 먹혀든 결과이다.

한편 춘추시대의 월왕 구천句踐이 오왕 부차夫差에게 격패당한 후 몇 년의 굴욕을 참고 섬겨 그를 안심시킨 후 재도전하여 승리한 것도 이런 예가 될 것이다.

按: 兵書云:「辭卑而益備者, 進也; 無約而請和者, 謀也.」(《孫子》行軍篇) 故凡敵人之巧言令色, 皆殺機之外露也.

宋曹武穆瑋知渭州, 號令明肅, 西人憚之. 一日, 方召諸將飮, 會有叛卒數千, 亡奔夏境. 堠騎報至, 諸將相顧失色, 公言笑如平時. 徐謂騎曰:「吾命也, 汝勿顯言!」西夏人聞之, 以爲襲己, 盡殺之. 此臨機應變之用也.

若勾踐之事夫差, 則竟使其久而安之矣.

【笑裡藏刀】'웃음 속에 칼을 감추다'의 뜻으로 구밀복검(口蜜腹劍), 면종복배(面從腹背)와 같음. 적으로 하여금 안심하게 한 뒤 이를 치는 것.《舊唐書》李義府傳에 "義府貌狀溫恭, 與人語必喜怡微笑, 而驕忌陰賊. 旣處權要, 欲人附己, 微忤意者, 輒加傾陷. 故時人言: 意附笑中有刀"라 함.

【兵書】《孫子》行軍篇에 "敵近而靜者, 恃其險也; 遠而挑戰者, 欲人之進也; 其所居者, 易利也. 衆樹動者, 來也; 衆草多障者, 疑也; 鳥起者, 伏也; 獸駭者, 覆也; 塵高而銳者, 車來也; 卑而廣者, 徒來也; 散而條達者, 樵採也; 少而往來者, 營軍也. 辭卑而益備者, 進也; 辭詭而强進驅者, 退也; 輕車先出居其側者, 陳也; 無約而請和者, 謀也; 奔走而陳兵車者, 期也; 半進半退者, 誘也"라 함.

【巧言令色】예쁜 얼굴과 좋은 말씨로 자신의 악을 숨김.《論語》學而篇에 "巧言令色, 鮮矣仁"이라 하고 包氏의 주에 "巧者, 好其言語; 令色, 善其顔色. 皆欲令人說之, 少能有仁也"라 함.

【曹瑋】973~1030. 송나라 때의 명장 조빈(曹彬)의 셋째아들. 자는 보신. 위주를 다스릴 때 겨우 18세였으며《春秋》와 병법에 능하였음. 시호는 무목(武穆).《宋史》曹彬傳에 "將兵四十年, 未嘗少失利. 喁厮羅聞威名, 卽望瑋所在, 東向合手加額. 契丹使過天雄, 勒其部下曰:「曹公在此, 毋縱騎馳驅也.」……渭州有告戍卒叛入夏國者, 瑋方對客奕棋, 遽曰:「吾使之行也.」夏人聞之, 卽斬叛者, 投其首境上. 羌殺邊民, 入羊馬贖罪, 瑋下令曰:「羌自相犯, 從其俗; 犯邊民者, 論如律.」自是毋敢犯"이라 함.

【渭州】지금의 甘肅省 농서(隴西) 지방. 북위 영안 3년(530)에 설치하였으며 치소는 襄武(지금의 감숙성 농서).

【西夏】중국 서쪽의 나라. 黨項族 李元昊가 세웠으며, 1038년에 칭제(稱帝)하여 興慶(지금의 寧夏 銀川)을 도읍으로 하여 190여 년 간 이어갔으나 뒤에 1227년 칭기즈칸에게 망함.

【堠騎】堠는 고대 적정을 살피기 위한 土堠.《周書》韋孝寬傳에 "一里, 置一土 堠"라 함.

【勾踐】(?~B.C.465) 춘추 말기 越(지금의 紹興)나라 왕. 아버지 允常이 吳나라 闔廬에게 패하자, 원수를 갚고자 합려의 아들 夫差와 심하게 다툼. 이에 다시 부차에게 패하여 會稽山에 갇혔을 때, 西施라는 미녀를 바쳐 살아난 다음 결국 오나라를 멸함. '吳越同舟'·'臥薪嘗膽' 등의 고사를 남김.《國語》越語 및《史記》 越王勾踐世家 참조.

【夫差】(?~B.C.463) 춘추 말기 장강 근처 지금의 蘇州에서 발흥하여 세력을 키웠던 吳나라의 임금으로 闔廬(闔閭)의 아들. 伍子胥를 등용하여 국세를 키웠 으나 伍子胥를 의심하여 죽이고, 다시 夫椒山에서 越軍을 대패시킨 후 만용을 부렸으며, 패자가 되고자 黃池에서 晉나라와 회맹을 할 때 월나라가 빈 틈을 이용하여 쳐들어와 나라가 망하고 부차는 자살함.《國語》吳語 및《史記》吳太伯 世家 참조.

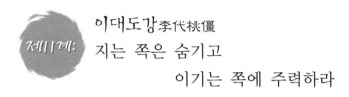 이대도강李代桃僵

제11계: 지는 쪽은 숨기고
　　　　　이기는 쪽에 주력하라

　아군의 세력이 열세로서 손해를 볼 싸움이거든 손해 쪽을 감추고
이기는 쪽에 주력하라.

　勢必有損, 損陰以益陽.

按語 　아군과 적군의 정세란 각각 장단점이 있을 것이다. 싸움이란 반드시 백전백승하기란 어렵다. 승부의 결정은 그 장단점을 비교해 보면 당연히 힘센 쪽이 이기는 것으로 보인다. 그러나 나의 열세를 잘 이용하면 상대의 우세도 이길 수 있는 비결이 있다.

　예를 들면 전국시대 손빈孫臏이 전기田忌에게 일러준 방법이 그것이다. "지금 그대의 하등의 사마駟馬와 상대방의 상등의 사마와 대결시키고 그대의 상등 말과 상대의 중등 말과, 그리고 그대의 중등 말과 상대의 하등 말을 대결시키십시오"하는 방법이다. 이는 병법가들이 독자적으로 가진 방법이며 보통상식으로는 추측하지 못할 것들이다.(《史記》孫子 吳起列傳)

　按: 我敵之情, 各有長短. 戰爭之事, 難得全勝. 而勝負之決, 卽在長短之相較, 乃有以短勝長之秘訣.

　如「以下駟敵上駟, 以上駟敵中駟, 以中駟敵下駟」之類, 則誠兵家獨具之詭謀, 非常理之可推測者也.(《史記》孫子吳起列傳)

【李代桃僵】桃僵이란 복숭아나무 고사목을 말한다. 이 뜻은《樂府詩集》相和歌 詞 鷄鳴篇에 "복숭아나무는 우물가에 자라고 오얏나무는 그 곁에서 피었네. 벌레가 모여들어 복숭아나무 뿌리를 갉아먹으니 오얏나무가 그 복숭아나무 고사목을 대신하여 말라 죽었네. 나무조차 서로 그 몸을 대신하는데 형제가 어찌 서로 잊으리오?"(桃生露井上, 李樹生桃旁, 蟲來喫桃根, 李樹代桃僵, 樹木身相代, 兄弟還相忘?)에서 나온 말로 충해에 약한 복숭아 자리를 오얏나무가 대신함을 두고 형세애를 노래한 것임. 여기서는 남의 모략을 대신 사용하여 직을 견제하고 붙들어 둠을 뜻함.

【長短】우세함과 열등함을 말함. 고대 전법에서 지휘관은 자신의 우세함을 자랑 하고 열세는 감추었음.《纂輯武篇》前卷 戰에 "兵有長短, 敵我一也. 敢問: 「吾之所長, 吾出而用之, 彼將不能與吾校; 吾之所短, 吾蔽而置之, 彼將强與我角,

奈何?」曰:「吾之所短, 吾抗而暴之, 使之疑而却; 吾之所長, 吾陰而陽之, 使之押而
墮其中. 此用長短之術也.」라 하였고, 《司馬法》定爵에 "長以圍短, 短以救長"
이라 함.

【以下駟敵上駟, 以上駟敵中駟, 以中駟敵下駟】 손빈(孫臏)이 올린 책략이다.
《사기》손자오기열전에 의하면 손빈이 제나라에 뜻을 펴보려고 그 곳으로
가서 제나라 장군 전기(田忌)에게 기식하게 되었다. 당시 전기는 자주 제나라의
여러 공자(公子)들과 많은 재물을 걸고 마차몰이 경주에 탐닉해 있었다. 손빈이
살펴보니 이용하는 말들의 기량은 큰 차이가 없고, 굳이 나눈다면 上·中·下
세 그룹 정도로 말의 우열을 가릴 수 있을 정도였다. 이에 손빈은 전기에게
자신에게 좋은 계책이 있어 크게 이기도록 해 줄 테니 다음에 상금을 많이
걸고 내기를 하라고 일러 주었다. 전기는 이를 믿고 천금을 걸고 내기를 준비하였다.
손빈은 이 때 이렇게 말하였다.
"지금 그대의 하급 말과 상대의 상급 말을 대결하게 하십시오. 그러면 우선
져주는 것입니다. 다음엔 그대의 상급 말과 상대의 중급 말을 대결시키는 것입니다.
그 다음엔 장군의 중등 말과 상대의 하등 말을 대결시키십시오. 뒤의 두 번은
당연히 이기게 됩니다."
과연 세 번 경주에서 전기는 한 번 지고 두 번 이겨 결국 승리하게 되었다.
전기는 왕의 천금을 얻게 되고, 이에 손빈을 특수한 인물로 여겨 제나라 위왕(威王)
에게 천거하여 병법을 펼 수 있게 하였다.
《사기》손자오기열전(孫臏)에 "齊使者如梁, 孫臏以刑徒陰見, 說齊使. 齊使以
爲奇, 竊載與之齊. 齊將田忌善而客待之. 忌數與齊諸公子馳逐重射. 孫子見其馬
足不甚相遠, 馬有上·中·下輩. 於是孫子謂田忌曰:「君弟重射, 臣能令君勝.」
田忌信然之, 與王及諸公子逐射千金. 及臨質, 孫子曰:「今以君之下駟與彼上駟,
取君上駟與彼中駟, 取君中駟與彼下駟.」既馳三輩畢, 而田忌一不勝而再勝,
卒得王千金. 於是忌進孫子於威王. 威王問兵法, 遂以爲師"라 하였다.

獸火

欽定四庫全書
武經總要前集
卷十一

火獸以艾爐火於間及置瓠中開四孔繫瓠於野猪獐

鹿頂上針其尾端向營而縱放之奔走入草獸敗火發

《武經總要》에 실려 있는 고대 각종 전투 무기

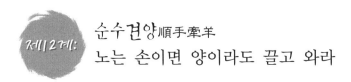

제12계: 순수견양順手牽羊

노는 손이면 양이라도 끌고 와라

상대에게 작은 틈이라도 생기면 반드시 크게 이용해야 한다.
극히 작은 그 이익이 승리를 쟁취하는 중요한 관건이 될 것이다.
상대의 작은 실수는 곧 우리의 승리의 작은 시작이 되는 것이다.

微隙在所必乘, 微利在所必得. 少陰, 少陽.

按語 　　상대가 대군을 움직이는 곳엔 반드시 틈이 많게 되어 있다. 그 틈을 노려 승리를 취하면 싸우지 아니하고도 좋은 결과를 얻을 수 있다.

이런 방법은 이겼을 때도 사용할 수 있고 졌을 때(열세일 때)도 적용할 수 있다.

按: 大軍動處, 其隙甚多; 乘間取利, 不必以戰. 勝固可用. 敗亦可用.

【順手牽羊】 흔히 유격대 전술에 쓰는 용어라 한다. "원래 '빈손으로 오느니 양이라도 끌고 오다'. 즉 '노는 손이면 고삐만 쥐어도 따라오는 양이라도 끌고 오다'의 뜻이다. 우리 속담의 "노는 입에 염불한다"는 것과 같다. 그러나 병법에서는 '상대의 허점(아주 작은)을 틈을 타 들어가서는 양(큰 이익)을 손쉽게 취해 오다'의 뜻이다.

【微隙】 군사상 아주 작은 허점.《鬼谷子》謀篇에 "故墻壞於其隙, 木毀於其節"이라 하고 按語에 "墻·木毀由于隙·節, 況於人事之變?"이라 하였으며,《三略》上에 "察其天地, 伺其空隙"이라 하였다. 그리고《李衛公問對》에는 "伺隙搗虛"라 하였다.

【少陰·少陽】 소음은 음의 초생(初生)으로 비록 작은 실수이나 계속 실패로 커질 수밖에 없고, 소양은 비록 작은 이익이지만 결국 큰 이익으로 커질 수밖에 없다는 뜻이다. 四象에서 太陽·少陽·太陰·少陰으로 나누고 있으며, 그 중 음양의 작은 부분을 가리킨다.

삼
십
륙
계

제3부
공전계攻戰計

이는 적을 향해 정식으로 공격해 들어갈 때의 모책이다. 공격과 방어란 실제 창과 방패와 같다. 상대의 방패를 뚫고 들어갈 모략과 계책에 대한 내용이다.

타초경사打草驚蛇·차시환혼借尸還魂·조호리산調虎離山·욕금고종欲擒姑縱·포전인옥拋磚引玉·금적금왕擒賊擒王 등 여섯 가지 계략을 내세우고 있다.

吳起

제13계: 타초경사打草驚蛇
뱀 있을 만한 풀밭이면
풀을 두드려 보라

상황이 의심스러우면 반드시 확인하여 잘 살핀 후에 행동으로 옮겨라. 반복해 살피는 것은 바로 적의 음모에 걸려들지 않는 좋은 매개체이다.

疑以叩實, 察而後動; 復者, 陰之媒也.

按語　적의 병력이 노출되지 않고 그들의 음모도 점차 깊어지고 있을 때는 가벼이 진격을 서두르지 말고, 마땅히 그 예봉銳鋒의 소재를 파악해야 한다.

손자 병법서에 "진군의 길목에서 험난한 장애나 늪·웅덩이·갈대, 밀림 밑 풀밭 등의 지형을 만나면 반드시 잘 수색해야 한다. 이는 이런 곳이 바로 적이 매복하여 있을 수 있는 적소適所이기 때문이다"라 하였다.(《孫子》 行軍篇)

按: 敵力不露, 陰謀深沉, 未可輕進, 應遍探其鋒. 兵書云:「軍旁有險阻, 蔣潢幷生蘆葦, 山林翳薈, 必謹索之, 此伏姦之所藏處也.」(《孫子》行軍篇)

【打草驚蛇】 원의는 '변죽을 울려 근본에게 겁을 주다'라는 뜻이다.《酉陽雜俎》에 실려 있는 고사이다. 당(唐)나라 왕로(王魯)라는 자가 도현(涂縣)의 현령이 되어 재물을 매우 탐내고 있었다. 어느 날 참다못한 주민들이 차마 현령을 직접 대항하지는 못하고 연판장을 써서 그 주부(主簿)가 뇌물을 받아먹었다고 현령에게 고발장을 올렸다. 왕로는 이를 보고 깜짝 놀라 자기도 모르게 책상을 두드리며 주부에게, "이놈, 너는 비록 풀만 건드렸을지 모르지만 나는 그 속의 뱀처럼 놀랐다"(汝雖打草, 吾已驚蛇)라고 하여 자기의 추악함을 노출시켰다. 병법에서는 상대의 병력이나 대응태도, 보복유무 등을 살피기 위해 짐짓 도발을 저질러 그 정황을 살펴보는 방법이다.

【叩】 '조사하다, 정찰하다'의 뜻.

【兵書云】《손자》 항군편(行軍篇)에 실려 있는 구절이다.《손자》에는 "軍旁, 有險阻, 蔣潢井, 生葭葦, 山林翳薈, 必謹覆索之, 此伏姦之所處也"로 되어있다.

【蔣潢】 수초가 빽빽이 난 늪 지대나 沼澤地.

【翳薈】 초목이 무성한 모습.

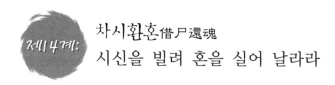

제14계: 차시환혼借尸還魂
시신을 빌려 혼을 실어 날라라

제환공

쓸 만하다고 알려진 것은 사용하지 말라. 쓸 수 없다고 여기는 것은 이용하라. 쓸 수 없는 것을 쓸 만한 것으로 이용하는 것, 이것이 곧 내가 동몽童蒙을 구하러 다니는 것이 아니라 동몽이 나를 찾아오게 하는 것이다.

有用者, 不可借; 不能用者, 求借. 借不能用者以用之, 匪我求童蒙, 童蒙求我.

按語　　매 번 조대朝代가 바뀔 때에 모두가 분분히 이미 망한 군주의 후예를 옹립하여 왕정복고를 꾀할 때가 있다. 이처럼 공수攻守가 교체될 때 사용하는 책략이다.

按: 換代之際, 紛立亡國之後者, 而代其攻守者, 皆此用也.

【借尸還魂】 이미 쓰지 못할 것으로 변한 것을 새로이 사용함을 일컫는다. 사람의 죽음 직전에 원래의 혼은 달아나고 다른 떠돌던 혼이 그 자리를 차지하여 새롭게 살아난다는 뜻으로, 원곡(元曲)《벽도화(碧挑花)》의 제3절에 "(眞人云): 誰想有這一場奇怪的事, 那徐碧桃已着她借尸還魂去了?"라 하여 처음 나오는 성어이다. 그러나 36계 중에 이 제14계는 실제로 대단히 난해한 느낌을 자아내게 하고 있다.

【匪我求童蒙, 童蒙求我】《주역》제4괘 몽(蒙)괘에 "匪我求童蒙, 童蒙求我"라 하였고,《六十四卦經解》에 "喩童子弱昧, 必依附先生以強立. 故曰童蒙. ……蒙者, 蒙蒙, 物初生形, 是其未開著之名也. 童, 未冠之稱"이라 하였다. 몽매한 '어린이를 교육하는 방법은 내가 그를 찾아다니며 강제적으로 억압해서는 안 된다. 스스로 배우기를 원해 나를 찾아오도록 유도되어야 한다'라는 뜻이다.

제15계: 조호리산調虎離山
호랑이를 산에서 데리고 나오면
　　　　산 속은 방심하게 된다

　　자연조건을 이용하여 상대를 곤핍하게 하고 다시금 사람을 이용하여 회유를 게을리하지 말라. 계속 나아가면 위험이 따른다. 물러나 반성할 줄도 알라.

　　待天以困之, 用人以誘之. 往蹇來反.

병법서에 "직접 군사행동을 취하여 성을 공격하는 것은 병법 중에 제일 하급이다"라 하였으니, 만약 공격하였다가 상대가 견고해 뜻을 이루지 못하면 이는 곧 스스로 패망을 자초하는 것이기 때문이다. 적이 이미 지세의 이로움을 차지하고 있으면 그 땅을 공격해서는 안 된다. 또한 적이 형세의 주도권을 잡고 있고 그 세력도 지극함에랴. 적이 주도권을 잡고 있다면 어떤 이利로써 유혹하지 않으면 공격해 오지 않을 것이요, 게다가 세력이 우세하다면 천우신조와 인력이 다 합치지 않는 한 이겨낼 수가 없을 것이기 때문이다.

동한東漢 말엽에 우후虞詡는 반란을 평정하려고 전군을 이끌고 진창陳倉의 효곡崤谷에 이르렀을 때 돌연 강족羌族의 내습을 받았다. 우후는 즉시 진군을 멈추고 상서를 올려 원군이 오면 합세해서 진군하겠다고 널리 말을 퍼뜨렸다. 강족이 이 말을 듣자 재물을 급히 탈취하여 이웃 현으로 흩어져 버렸다. 우후는 강족이 분산된 것을 알자, 이에 밤낮을 가리지 않고 급히 백여 리를 진군하였다. 그는 매번 야영할 때마다 명령을 내려 그 곳에 두 배씩 솥 걸었던 자취를 남겨 놓도록 지시하였다. 강족은 이를 보고 원병이 이미 합세한 것으로 믿고 더 이상 습격해 오지 않았다. 이에 우후는 시간을 벌어 주도권을 잡은 후 전열을 정비하여 강적을 물리치고 난을 평정하였다.

우후가 공공연히 원병을 떠들어 댄 것은 이유利誘에 해당한 것이고, 밤낮 진군한 것은 천시天時를 써서 적을 곤핍하게 할 준비를 갖춤이요, 그 솥 걸었던 자취를 두 배씩 남겨 보인 것은 인사人事로써 적을 혹하게 한 책략이다.(《後漢書》 虞詡傳)

按: 兵書云:「下政攻城」若攻堅, 則自取敗亡矣. 敵旣得地利, 則不可以爭其地. 且敵有主而勢大; 有主, 則非利不來趨; 勢大, 則非天人合用, 不能勝.

漢末, 羌率衆數千, 遮虞詡於陳倉崤谷. 詡軍不進, 宣言上書請兵, 須到當發. 羌聞之, 乃分抄旁縣. 詡因其兵散, 日夜進道, 兼行百餘里. 令軍士各作兩竈, 日倍增之; 羌不敢逼, 遂大破之. 兵到乃發者, 利誘之也; 日夜兼進者, 用天時以困之也; 倍增其竈者, 惑之以人事也.(《後漢書》虞詡傳)

【調虎離山】 호랑이를 산으로부터 데리고 나오면 산 속 사람들은 아주 방심하고 살게 된다는 뜻으로, 우선 적으로부터 멀리 피하여 전열을 가다듬는다는 뜻이다. 이에 반대는 종호귀산(縱虎歸山)으로 '호랑이를 산으로 되돌려 보내어 세력을 키워 준다'는 뜻이다.

【往蹇來反】《주역》건(蹇)괘. 이는 험난을 상징하여 능히 멈출 때 멈출 줄 아는 자는 지혜롭다는 뜻이다.(蹇, 難也. 險在前也, 見險而能止, 知矣哉) 또한 제九三효에 "나아가면 험난함이 있다. 돌아와 반성하라"(九三, 往蹇, 來反)라 되어 있다.

【下政攻城】《孫子》謀攻篇에 "故上兵伐謀, 其次伐交, 其次伐兵, 其下攻城. 攻城之法, 爲不得已. 修櫓轒輼·具器械, 三月而後成, 距闉, 又三月而後已. 將不勝其忿, 而蟻附之, 殺士三分之一, 而城不拔者, 此攻之災也"라 함.

【地利】 지형의 이로움을 뜻함.《孟子》公孫丑(下)에 "孟子曰:「天時不如地利, 地利不如人和. 三里之城, 七里之郭, 環而攻之而不勝; 夫環而攻之, 必有得天時者矣; 然而不勝者, 是天時不如地利也. 城非不高也, 池非不深也, 兵革非不堅利也, 米粟非不多也; 委而去之: 是地利不如人和也. 故曰: 域民不以封疆之界, 固國不以山谿之險, 威天下不以兵革之利. 得道者多助, 失道者寡助. 寡助之至, 親戚畔之; 多助之至, 天下順之. 以天下之所順, 攻親戚之所畔; 故君子有不戰, 戰必勝矣.」"라 하였으며,《孫子》計篇에 "地者, 遠近·險易·廣狹·死生也"라 하였고, 地形篇에는 "夫地形者, 兵之助也. 料地制勝, 計險厄遠近, 上將之道也. 知此而用戰者必勝, 不知此而用戰者必敗"라 하였다.

【羌】 고대 중국 서쪽지역의 종족 명칭. 秦漢시대에는 西羌으로 불렸으며, 서한 이래 누차 중국과 맞섰음. 주로 金城(蘭州), 隴西 등지를 침입하였으며 뒤에 거의 漢族에 동화됨.

【虞詡】 동한 때의 장수. 羌의 반란을 평정함.《後漢書》虞詡傳에 "後羌寇武都, 鄧太后以詡有將帥之略, 遷武都太守, 引見嘉德殿, 厚加賞賜. 羌乃率衆數千, 遮詡於陳倉·崤谷, 詡卽停軍不進, 而宣言上書請兵, 須到當發. 羌聞之, 乃分鈔傍縣, 詡因其兵散, 日夜進道, 兼行百餘里. 令吏士各作兩竈, 日增倍之, 羌不敢逼. 或問曰:「孫臏減竈而君增之. 兵法日行不過三十里, 以戒不虞, 而今日且二百里. 何也?」詡曰:「虜衆多, 吾兵少. 徐行則易爲所及, 速進則彼所不測. 虜見吾竈日增, 必謂郡兵來迎. 衆多行速, 必憚追我. 孫臏見弱, 吾今示彊, 埶有不同故也.」既到郡, 兵不滿三千, 而羌衆萬餘, 攻圍赤亭數十日. 詡乃令軍中, 使彊弩勿發, 而潛發小弩. 羌以爲矢力弱, 不能至, 幷兵急攻. 詡於是使二十彊弩共射一人, 發無不中, 羌大震, 退. 詡因出城奮擊, 多所傷殺. 明日悉陳其兵衆, 令從東郭門出, 北郭門入, 貿易衣服, 回轉數周. 羌不知其數, 更相恐動. 詡計賊當退, 乃潛遣五百餘人於淺水設伏, 候其走路. 虜果大奔, 因掩擊, 大破之, 斬獲甚衆, 賊由是敗散, 南入益州. 詡乃占相地埶, 築營壁百八十所, 招還流亡, 假賑貧人, 郡遂以安"이라 하였다.

【陳倉·崤谷】 지금의 陝西省 寶鷄縣 서남.

【崤谷】 崤山 골짜기. 大散關을 가리킴.

【分鈔】 나뉘어 抄掠질을 함.

제16계: 욕금고종欲擒姑縱
꼭 잡으려거든 우선 놓아 주어라

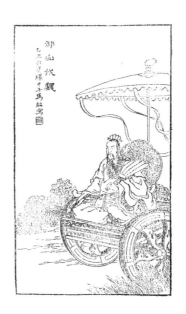

　곤궁한 적을 끝까지 치다가는 도리어 무서운 역습을 당한다. 궁한 쥐는 고양이를 무는 법이다. 그러니 도망가거든 그 역량만 쇠약하게 하는 정도로 바짝 뒤쫓기만 하고 있어라. 그들의 기력을 쇠잔하게 하고 그들의 투지를 소모시켜 모두 흩어진 후 잡아들이면 된다. 이와 같은 싸움은 피 흘리는 무기가 필요 없다.

　기다려라. 알이 부화되기도 전에 두드려 깬다고 병아리가 튀어나오지는 않는다. 기다리면 영광이 오리라.

　逼則反兵, 走則減勢, 緊隨勿迫. 累其氣力, 消其鬪志, 散而後擒, 兵不血刃. 需, 有孚, 光.

按語 소위 종縱이란 아주 놓아준다는 뜻은 아니다. 계속 뒤를 쫓되 조금 느슨하게 둔다는 뜻일 뿐이다. 궁구물추窮寇勿追라는 말이 있으니 역시 같은 뜻이다. 또 뒤쫓지 아니한다는 말은 뒤따라 가지 아니한다는 뜻이 아니다. 뒤따라 압박하지 않는다는 뜻일 뿐이다.

　제갈량의 칠종칠금七縱七擒은 놓아주고 뒤쫓아 결국 영향권 밖으로 내쫓아 그 뜻이 영토 확장에 있었을 뿐이다. 이는 곧 맹획孟獲의 힘을 빌려 여러 만족蠻族을 복속시키기 위한 것이지 병법은 아니다. 병법으로 말하면 잡은 자는 다시 놓아주어서는 안 된다.

　按: 所謂'縱'者, 非放之也, 隨之, 而稍鬆之耳.「窮寇勿追」, 亦卽此意. 蓋不追者, 非不隨也, 不迫之而已.

　武侯之七縱七擒, 卽縱而躡之, 故輾轉推進, 至於不毛之地. 武侯之七縱, 其意在拓地, 在借孟獲以服諸蠻, 非兵法也. 若論戰, 則擒者不可復縱.

【欲擒姑縱】'잡으려거든 먼저 놓아 주어라'는 뜻이다. 《太平天國》文書篇에 "잡으려거든 먼저 놓아 주라. 급히 몰고 싶거든 잠시 늦추어 주라. 그들이 해이해 졌을 때 이를 치는 것이다. 이렇게 하고도 승리하지 못한 자는 없다"(欲擒先縱, 欲急姑緩, 待其懈而擊之, 無不勝者)라 함. 《老子》36장에 "將欲歙之, 必固張之. 將欲弱之, 必固强之. 將欲廢之, 必固擧之. 將欲奪之, 必固與之. 是謂微明. 柔弱勝剛强"이라 하였으며, 《鬼谷子》謀篇에는 "去之者縱之, 縱之者乘之"라 하였다.

【需, 有孚, 光】《주역》수(需)괘에 "需, 有孚, 光亨貞吉"이라 하였고, 《周易議卦》에는 "需, 議曰: 需者, 需也. 須以待也. 物常乖於過求, 故事必有所待"라 하여 '기다리다'의 뜻이다. 《六十四卦經解》에 "孚, 孵"라 하여 '때를 기다려 부화시키다'는 뜻으로 봄.

【窮寇勿追】막다른 골목에 몰려 궁한 도적은 더 이상 뒤쫓지 않음. '窮寇勿迫'이라고도 함. 《孫子》軍爭篇에 "故用兵之法, 高陵勿向, 背邱勿逆, 佯北勿從, 銳卒勿攻, 餌兵勿食, 歸師勿遏, 圍師必闕, 窮寇勿追, 此用兵之法也"라 함. '궁한 쥐는 고양이를 문다'(窮鼠囓猫)와 같은 뜻임.

【武侯】諸葛亮(孔明)을 가리킴. 武鄕侯에 봉해져 이를 줄여 부른 것. 諸葛亮은 자는 孔明(191~234)이며 한말 陽都人. 은거하여 스스로 밭을 갈며 자신을 管仲과 樂毅에 비교하여 사람들이 그를 臥龍先生이라 불렀음. 뒤에 蜀漢 劉備의 三顧草廬로 불려가 天下三分之策을 정하고 유비를 도와 荊州와 益州를 차지하여 吳·蜀·魏 삼국정립을 이루었음. 유비의 유촉에 의해 그 아들 劉禪을 도와 〈出師表〉를 쓰고 북벌을 시도했으나 五丈原에서 생을 마침. 죽은 뒤 武鄕侯에 봉해졌으며 시호는 忠武. 《三國志》(35)에 전이 있음.

【七縱七擒】제갈량이 건흥(建興) 3년(225년) 남중(南中)에 있을 때 南蠻의 추장 맹획(孟獲)을 일곱 번 붙들어 일곱 번이나 놓아 주어 배반하지 못하도록 한 일(《漢晉春秋》). 唐 章孝標의 〈諸葛武侯廟〉 시에 "七縱七擒何處在, 茅花櫪葉蓋神壇"이라 하였으며 《幼學瓊林》에 "北敵勢方强, 婁師德八遇八克; 南蠻心未服, 諸葛亮七縱七擒"이라 함. 그리고 《十八史略》(3)에 "南夷畔漢, 丞相亮往平之. 有孟獲者, 素爲夷漢所服. 亮生致獲, 使觀營陣, 縱使更戰. 七縱七禽, 猶遣獲, 獲不去, 曰:「公天威也, 南人不復反矣.」"라 함.

【不毛之地】풀이 나지 않는 땅. 아주 먼 곳을 말함.

【孟獲】삼국시대 중국 남방에 거주하던 소수민족(彝族)의 수령.

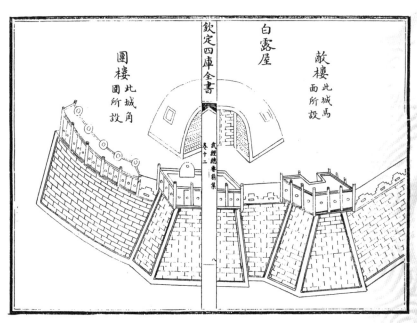

《武經總要》에 실려 있는 고대 각종 전투 시설

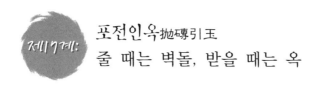

제17계: 포전인옥抛磚引玉
줄 때는 벽돌, 받을 때는 옥

유사한 사물을 이용하여 적을 유인하라. 그리고 그가 걸려들었음을
알려 주는 것이다.

類以誘之, 擊蒙也.

적을 유인하는 방법은 매우 많다. 그 중 가장 교묘한 것은 전혀 의심을 품지 않게 해 놓고 농간을 부리는 일이다. 그러므로 오히려 가장 비슷한 동류라고 인정될 때 진실로 곤혹을 치르게 만드는 일이다. 깃발과 금고金鼓로 적을 유혹하는 것이 바로 의심을 품지 않게(疑似) 하는 것이며, 노약자나 양식·채소를 이용하여 적을 유혹하는 것이 동류라고 인정시키는(類同) 방법이다.

이를테면 춘추시대 초楚나라가 교絞나라를 칠 때, 두 군대가 교나라 도성의 남문에 대치하고 있었다. 그 때 초나라 대신 굴하屈瑕가 초楚 무왕武王에게 이렇게 건의하였다.

"교나라는 작은 나라에다가 군대도 경박합니다. 군대가 경박하면 모략도 적게 마련입니다. 아군이 산에 나무하러 갈 때 그들을 보호하겠다고 군사를 딸려 보내지 말아 보십시오. 그렇게 하면 그들을 유인하여 끌어 낼 수 있을 것입니다."

초 무왕이 이를 받아들여 일부 병력을 산으로 땔감을 구해 오도록 보냈다. 그러자 그들은 역시 적군에게 사로잡히고 말았다. 그러자 이튿날 교나라 군사들은 서로 다투어 성 밖으로 나와 나무하는 초나라 군사를 쫓아 나섰다. 그들이 산 아래에 이르자 초나라 군대가 습격하였고, 다른 초나라 부대는 그 틈을 이용하여 교나라 성의 북문을 막아 교나라 군대의 귀로를 막아 버렸다. 교나라는 성이 비어 어쩔 수 없이 항복하고 말았다. 그리하여 그 성하지맹城下之盟을 맺은 다음 귀환할 수 있었다.

또 이를테면 손빈孫臏은 자신의 군대가 괴멸하여 도주하는 것처럼 밥짓던 아궁이를 헐고 물러나 방연龐涓으로 하여금 쫓아오도록 유인하여 마릉馬陵에 매복하였다가 방연을 대패시켜 결국 방연을 자살하게 만들었다.(《史記》 孫子吳起列傳)(손빈의 고사는 제4계 '以逸待勞'의 주를 볼 것)

按: 誘敵之法甚多, 最妙之法, 不在疑似之間, 而在類同, 以固其惑. 以旌旗金鼓誘敵者, 疑似也; 以老弱糧草誘敵者, 則類同也.

如楚伐絞, 軍其南門. 屈瑕曰:「絞小而輕, 輕則寡謀, 請無捍采樵者以誘之」從之, 絞人獲利. 明日絞人爭出, 驅楚役徒於山中. 楚人坐守其北門, 而伏諸山下, 大敗之, 爲城下之盟而還.

又如孫臏減竈而誘殺龐涓.(《史記》孫子吳起列傳)

【抛磚引玉】원래 벽돌조각을 던져주고 거두기는 옥으로 한다는 뜻이다. 자신의 의견이나 글을 통해 남의 고견을 들을 때 쓰는 謙辭이다. 唐나라 때 상건(常建)이라는 시인은 늘 조호(趙嘏)의 명성을 듣고 그에게 가르침을 청하리라 여겼는데 그가 오(吳) 땅을 여행하게 된 기회를 틈타 그에게 靈巖寺를 유람시켜 줄 때 시를 청하면서 스스로 먼저 담벼락에다가 두 구(句)의 시를 짓고는 조호에게 이어서 짓도록 부탁하였다. 조호는 물끄러미 그의 구절을 보고는 즉시 붓을 들어 나머지 두 구를 보태어 시를 완성시켰다 한다. 조호의 시는 당연히 앞의 구절보다 절륜하였다. 뒷사람들은 이들의 고사를 포전인옥(抛磚引玉)이라 하였다. 즉 상건이 그저 벽돌조각을 던지는 정도로 옥 같은 조호의 시 구절을 끌어 내었다는 뜻이다. 《五燈會元》 권4 南泉願禪師法嗣에 "師曰: '比來抛磚引玉引得個墼子.'"라 하였다. 한편 《幼學瓊林》(891)에는 "以小致大, 謂之抛磚引玉; 貪賤失貴, 謂之買櫝還珠"라 하였다.

【類以誘之】동류로 만들어 이를 유인하고 유혹함.《百戰奇略》利戰에 "凡與敵戰, 其將愚而不知變, 可誘之而利; 彼貪利而不知害, 可設伏兵以擊之, 其軍可敗. 法曰: 利而誘之"라 함.

【擊蒙】《주역》몽(蒙)괘에 "上九, 擊蒙"이라 하였고 序卦傳에 "蒙者, 蒙也. 物之稚也"라 함. '어린이(어리석음)의 몽매함을 깨뜨려 준다'는 뜻으로 '알려주다'로 해석된다.

【楚】춘추전국시대 長江 유역을 중심으로 크게 세력을 키웠던 남방의 대국. 수도는 鄢·郢이었음.

【絞】춘추시대 남방에 있던 작은 나라. 지금의 湖北省 鄖縣 서쪽이었다 함. 이 나라가 초나라에게 망한 것은 초 무왕(B.C.740~690년 재위) 41년(B.C.700) 때라 함.

【城下之盟】성 아래에서 상대의 항복을 받는 맹약을 말함.

【孫臏·龐涓】제4계 '以逸待勞'편을 볼 것.

제18계: 금적금왕擒賊擒王
용은 뭍으로 끌어 올려놓고 싸워라

적군의 주력을 꺾은 후 그 두령頭領을 잡고 있으면 그 상대는 자연히 무너진다. 이는 마치 물에 사는 용을 육지로 끌어 올려놓고 싸우는 것과 같아서 음陰이 극성하여 소멸되고 마는 이치이다.

摧其堅, 奪其魁, 以解其體. 龍戰于野, 其道窮也.

按語 　적을 공격하여 이기면 그 기세를 몰아 전과를 올려야 한다. 만약 작은 승리에 도취하여 큰 것을 잃게 된다면, 비록 아군의 손실은 적다고 하나 오히려 지휘자만 피곤하고 장수들은 해를 입어 이미 이루어 놓은 공조차 무위로 돌아간다.

　완전승리를 거두고도 주력 부대를 꺾지 못하고 상대 지휘자를 잡아두지 못한다면 이는 곧 범을 놓아 산으로 보내는 것(縱虎歸山)과 같은 실수가 된다.

　상대의 왕을 잡는 방법은 겉으로 드러난 깃발에 집착할 것이 아니라 적의 진영에 과연 누가 지휘권을 가졌는가를 확인해야 한다. 그래야만 불씨를 남기지 않고 완전히 소멸하는 방법이 되기 때문이다.

　당나라 숙종肅宗 때 장순張巡이 윤자기尹子奇와 접전하였을 때 장순의 군대가 일시에 진격하여 윤자기의 진영 깃발 아래까지 진입하였다. 진영에 대혼란이 일어난 틈을 타서 적장 50여 명의 목을 치고 병졸 5천여 명을 쳤다. 장순이 윤자기를 찾아 사살射殺하려 하였지만 누군지 찾아낼 수가 없었다. 이에 장순은 하나의 방법을 생각해 내었다. 우선 병사들로 하여금 수숫대를 깎아 화살을 만들어 쏘게 하였다. 적병은 이를 보고 대단히 기뻐서 얼른 윤자기에게 달려가 장순의 군대가 화살이 모두 떨어졌다고 보고하는 모습이 보였다. 이 때를 놓치지 않고 부하 남제운南霽雲에게 그를 쏘도록 명령하였다. 활은 그의 왼쪽 눈에 명중하였다. 이어서 그를 생포하도록 병사를 풀어놓자, 윤자기는 깜짝 놀라 남은 사졸을 이끌고 도망하는 수밖에 없었다.(《新唐書》 張巡傳)

　按: 攻勝則利不勝取, 取小遺大, 卒之利·將之累·帥之害·功之虧也. 全勝而不摧堅擒王, 是縱虎歸山也. 擒王之法, 不可圖辨旌旗, 而當察其陣中之首動.

　昔張巡與尹子奇戰, 直衝賊營, 至子奇麾下. 營中大亂, 斬賊將五十餘人, 殺士卒五十餘人, 巡欲射子奇而不識, 剡稿爲矢. 中者喜, 謂巡矢盡, 走白子奇. 乃得其狀, 使霽雲射之, 中其左目, 幾獲之. 子奇乃收軍退還.(《新唐書》 張巡傳)

【擒賊擒王】 적을 잡으려면 먼저 그 대장부터 잡으라는 뜻이다. 두보(杜甫)의 〈前出塞〉 시에 "사람을 쏘아 맞추려면 먼저 그가 탄 말을 쏘고 적을 잡으려면 먼저 적의 대장을 잡아야 한다"(射人先射馬, 擒賊先擒王)라 하였고 《고금도서집성(古今圖書集成)》에서는, "금적금왕은 두보의 〈출새시〉에서 처음 쓴 말로 이는 비록 시인의 음영의 말이지만 승리의 요체이다. 적과 대립한 자는 반드시 알아야 할 병법이다"(此杜甫出塞詩語也, 射人先射馬一言, 雖詩人吟之語, 然亦制勝之要法也, 御敵者不可不知)라 하였다. 중국 속담의 "뱀을 잡으려면 그 머리만 때리면 된다"(打蛇要打頭)와 같다.

【龍戰于野】 《주역》 곤(坤)괘 상륙(上六)에 "용이 들에서 싸우니 그 피는 검고 누르다. 음이 극성하니 틀림없이 그 도가 궁한 지경에 이른 것이다"(龍戰于野, 其血玄黃, 象曰 龍戰于野, 其道窮也)라 함.

【縱虎歸山】 범을 놓아 산으로 보내니 그 후환이 두렵다는 뜻. 양호이환(養虎貽患)과 같은 말.

【陣】 '陳'과 같음. 陣形·陣地·陣營 등 군사 용어. 흔히 모든 병법서에 '陳'과 '陣'을 혼용하고 있으나 고대에는 '陳'자가 원자였음. 《論語》 衛靈公篇에 "衛靈公問陳於孔子. 孔子對曰:「俎豆之事, 則嘗聞之矣; 軍旅之事, 未之學也.」明日遂行. 在陳絶糧, 從者病, 莫能興. 子路慍見曰:「君子亦有窮乎?」子曰:「君子固窮, 小人窮斯濫矣.」"이라 하였고, 集註에 "陳, 謂軍師行伍之列"라 하였다. 이 '陳'자가 '陣'자로 군사학에서 '진을 치다'는 전용어로 바뀐 것에 대한 이론은 상당히 많다. 이에 대하여 《顔氏家訓》 書證篇에는 다음과 같이 고증하고 있다.

『태공(太公)의 《육도(六韜)》에 천진(天陳)·지진(地陳)·인진(人陳)·운조지진(雲鳥之陳) 등이 있다. 그리고 《논어(論語)》에 "위령공이 공자에게 진(陳)을 물었다"라 하였으며, 《좌전(左傳)》에는 "어려지진(魚麗之陳)을 치다"라 하였다. 그런데 속본에는 흔히 「阜」방에 거승(車乘)의 「거(車)」를 써서 「진(陣)」으로 쓴다. 생각건대 여러 진대(陳隊)는 모두가 진정(陳鄭)의 진(陳)자여야 한다. 무릇 행진(行陳)의 뜻은 진열(陳列)이란 말에서 취한 것이다. 이는 육서(六書) 중의 가차(假借)이다. 《창힐편(蒼頡篇)》과 《이아(爾雅)》 및 근세의 자서(字書)에는 모두가 따로 별자(別字)가 없었다. 그런데 오직 왕희지(王羲之)의 〈소학장(小學章)〉에만은

「阜(阝)」옆에 거(車)를 썼다. 비록 세속에 이미 통행되고는 있지만 그렇다고 이를 근거로 《육도》·《논어》·《좌전》을 고치는 것은 마땅치 않다.」(太公《六韜》, 有天陳·地陳·人陳·雲鳥之陳. 《論語》曰: 「衛靈公問陳於孔子.」《左傳》: 「爲魚麗 之陳.」 俗本多作阜傍車乘之車. 案諸陳隊, 並作陳·鄭之陳. 夫行陳之義, 取於陳 列耳, 此六書爲假借也, 《蒼》·《雅》及近世字書, 皆無別字; 唯王羲之〈小學章〉, 獨阜 傍作車, 縱復俗行, 不宜追改《六韜》·《論語》·《左傳》也.) 그러나 여기서 "王羲之의 〈소학장〉에서 그렇게 썼다"라 한 것은 義義라는 사람이 쓴 것을 잘못 알아 왕희지의 저작이라고 한다. 趙曦明은 「《隋書》經籍志:《小學篇》一卷, 晉下邳內 史王義撰. 諸本並作王義之, 乃妄人謬改」라 하였다.

【張巡】 安祿山의 난을 막았던 장수. 제7계 '無中生有' 참조.

【尹子奇】 안록산의 부장.

【南霽雲】 ?~757. 당나라 때 돈구(頓丘) 사람. 장순을 도와 안록산의 난을 토벌하였음. 유종원(柳宗元)의 〈南霽雲睢陽廟碑幷序〉 참조.

삼십륙
계

제4부
혼전계混戰計

아군이 공격을 받아 혼전상태가 일어났을 때의 계책이다. 적이 자신의 우세함을 믿고 도전해 왔을 때는 동정動靜과 치란治亂을 음양陰陽의 섭리에 맞추어 질서를 지키고 안정된 상태에서 승리를 취할 수 있도록 조건을 만들어야 한다는 책략이다.

부저추신釜底抽薪·혼수모어混水摸魚·금선탈각金蟬脫殼·관문착적 觀門捉賊·원교근공遠交近攻·가도벌괵假道伐虢 등 여섯 가지 계략을 내세우고 있다.

司馬穰苴

三十六計

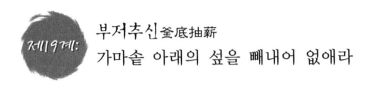

제19계: 부저추신 釜底抽薪

가마솥 아래의 섶을 빼내어 없애라

접전하지 아니하고 그 근본을 녹여 버리는 전술을 생각하라. 이것이 바로 유柔로써 강剛을 이기는 방법이다.

不敵其力, 而消其勢, 兌下乾上之象.

물이 끓는 것은 힘 때문이다. 바로 불의 힘이다. 이 불은 양중의양(陽中之陽)이어서 어떤 예리한 것도 이 양陽을 이겨낼 수 없다. 그러면 그 불을 이루는 혼은 무엇인가? 바로 신(薪, 섶)이다. 곧 힘의 세勢이다. 그러나 이것은 양을 일으키는 음(陽中之陰)일 뿐이어서 가까이 만져도 해가 없는 상태이다.

그러므로 그 힘으로 나타난 화火는 이겨낼 수 없지만, 세勢로 존재하고 있는 섶薪은 치워버릴 수 있는 것이다.

《울료자尉繚子》에는 이렇게 말하였다. "사기가 충천하였을 때는 싸우고, 기세를 잃었거든 물러서라." 이는 곧 상대의 기세를 꺾는 법은 그들의 심리부터 공략해야 함을 두고 한 말이다.

동한 초엽의 오한吳漢은 대사마大司馬로 재직 중 밤에 적의 기습을 받았다. 오한은 자신의 진영이 모두 수라장이 되어 혼란에 빠졌는데도 조금도 당황하지 않고 아무 일도 없는 듯 침상에 누워 태연자약하게 있었다. 사병들은 지휘자가 이렇게 침착한 것을 보고 평정을 되찾아 대응하게 되었다. 이 때 오한은 전세를 뒤집어 정병을 파견하여 반격을 서둘렀고 곧 적을 퇴각시킬 수 있었다. 이는 곧 격정을 치르지 않고 적의 기세를 꺾어 승리를 얻어낸 것이다.

또 북송北宋 때 설장유薛長儒가 한주漢州·호주湖州·활주滑州 세 주의 통판通判으로 한주에 주재하고 있을 때, 그 주의 병사 수백 명이 반란하여 불을 지르고 사람을 죽이며 지주知州와 병마감압兵馬監押을 죽일 모책을 세워 감영監營에 불을 질러 난을 일으켰다. 어떤 이가 이를 알려오자, 지주와 감압은 감히 밖으로 나갈 생각도 못하였다. 이에 설장유는 몸을 세우고 맨 걸음으로 나서서 그 감영의 담을 한바퀴 돌아 감영으로 들어가, 어느 것이 복이며 어느 것이 화禍가 되는지를 일러주며 난을 일으킨 졸병들에게 이렇게 명하였다.

"너희들은 부모처자가 있다. 어찌 이런 짓을 하느냐? 너희들 중 배반을 주도한 자는 왼쪽에 서고, 협박에 못 이겨 따라 한 자는 오른쪽에 서라!"

그러자 모의에 참여하지 아니한 자 수백 명이 오른쪽으로 달려가 섰고, 오직 주모자 열세 명만은 문을 박차고 달아나 근처의 여러 촌마을에 흩어졌다가 결국 체포되고 말았다. 당시 사람들은 모두 "설장유가 아니었으면 성 전체가 도탄에 빠지고 말았으리라" 하였다.

이것이 곧 그 마음을 공격하여 그들의 사기를 빼앗은 이용 방법이다.

혹 어떤 이는 이렇게 말하였다.

"적과 적이 대치할 때면 강한 적의 허점을 찔러 패배할 조건을 성공의 조건으로 만들어야 한다."

按: 水沸者, 力也, 火之力也. 陽中之陽也, 銳不可; 薪者, 火之魄也, 卽勢也, 陽中之陰也, 近而無害. 故力不可而勢猶可消. 尉繚子曰:「氣實則鬪, 氣奪則走.」而奪氣之法, 則在攻心.

昔吳漢爲大司馬, 嘗有寇, 夜攻漢營. 軍中驚擾, 漢堅不臥動. 軍中聞漢不動, 有頃乃定. 乃選精兵夜擊, 大破之. 此卽不直擋其力而撲消其勢力.

宋, 薛長儒爲漢·湖·滑三州通判, 駐漢州. 州兵數百叛, 開營門, 放火殺人, 謀殺知州·兵馬監押, 燒營以爲亂. 有來告者, 知州·監押皆不敢出. 長儒挺身徒步, 自環垣入其營中, 以福禍語亂卒曰:「汝輩皆有父母妻子. 何故作此? 叛者立於左, 脅從者立於右!」於是不與謀者數百人趨立於右, 獨主謀者十三人突門而出, 散於諸村野, 尋捕獲. 時謂非長儒, 則一城塗炭矣!」此則攻心奪氣之用也.

或曰:「敵與敵對, 搗强敵之虛, 以敗其將成之功也.」

【釜底抽薪】 가마솥의 끓는 물을 그치게 하기 위해서는, 아궁이의 섶(장작)을 빼내면 된다는 뜻이다. 불은 손으로 만질 수 없지만, 그 땔감은 손을 대어도 상하지 않는다. 따라서 땔감을 치워 그 불의 힘을 제거하는 것이다.《淮南子》本經訓에 "故以湯止沸, 沸乃不止, 誠知其本, 則去火而已矣"라 하였고,《漢書》枚乘傳에는 "欲湯之滄, 一人炊之, 百人揚之, 無益也. 不如絶薪止火而已. 不絶之如彼, 而救之如此. 譬猶抱薪而救火也"라 하였다. 그리고《儒林外史》五回에 "如今有個道理, 是釜底抽薪之法"이란 구절이 있고,《太平天國》從軍紀事에 "賊恐其黨羽臨陣來歸, 不敢出戰, 大有釜底抽薪之效"라 하였다.

【兌上乾下】《주역》이(履)괘로 괘상이 위는 대(兌, 澤), 아래는 건(乾, 天)으로 단(彖)에 "부드러움이 강함을 따르는 뜻이니, 즐겨 강함의 이치를 알고 순응하면 범의 꼬리를 밟더라도 물려죽는 위험이 없으리라"(履柔履剛也, 說而應乎乾, 是以履虎尾不人)라 함.

【尉繚子】 전국시대 말기의 병법가. 위(魏)나라 서울 대량(大梁) 사람으로 위혜왕(惠王)의 군사(軍師)를 지냈으며 귀곡자(鬼谷子)의 제자. 그의 저술《尉繚子》24편이 남아 있음.《尉繚子》戰威篇에 "夫將之所以戰者民也, 民之所以戰者氣也. 氣實則闘, 氣奪則去. 形未加, 兵未接, 而所以奪敵者五.. 一曰廟勝之論; 二曰受命之論; 三曰踰垠之論, 四曰深溝高壘之論; 五曰擧陣加刑之論. 此五者, 先料敵而後動, 是以擊虛奪之也"라 함.

【吳漢】 ?~44년. 東漢의 개국공신. 왕망(王莽) 말기에 어양(漁陽)으로 망명하여 말 장수를 하다가 유수(劉秀)가 즉위하자 그에게 가서 大司馬, 무양후(舞陽侯) 등을 지냈으며, 공손술(公孫述)의 반란을 제압함.《後漢書》吳漢傳에 "冬, 漢率建威大將軍耿弇・漢(中)[忠]將軍王常等, 擊富平・獲索二賊於平原. 明年春, 賊率五萬餘人夜攻漢營, 軍中驚亂, 漢堅臥不動, 有頃乃定. 卽夜發精兵出營突擊, 大破其衆. 因追討餘黨, 遂至無鹽, 進擊勃海, 皆平之. 又從征董憲, 圍朐城. 明年春, 拔朐, 斬憲. 事(以)[已]見〈劉永傳〉. 東方悉定, 振旅還京師"라 함.

【薛長儒】 (1000~1062). 북송 때 絳州(지금의 山西省 新絳縣) 사람으로 자는 元卿. 한주(漢州)・호주(湖州)・활주(滑州) 세 주의 통판(通判)을 지냈으며 뒤에 彭州 지사를 지냄. 歐陽修는 그를 "淳朴勤愼하며 沈默少語"하다고 평했으며, 많은 이들에게 칭송을 받았다 함.《歐陽永叔集》〈尙書駕部員外郎致仕薛君墓誌銘〉 참조.

【漢州】 지금의 四川省 廣漢縣. 당시 薛長儒는 漢州・湖州・滑州 三州의 通判이었음.

【知州】 州의 최고 행정 책임자. 주의 장관.

【兵馬監押】 지방 군대의 행정을 맡으며 감찰 임무를 담당하는 관리.

【攻心奪氣】 병법에서 많이 쓰는 말로, 적의 흔들리는 마음을 공격하여 그 사기를 꺾어 버리는 것을 뜻함.《十一家注孫子》君爭篇 "故三軍可奪氣, 將軍可奪心"의 주에 "曹操曰: 左氏言: 一鼓作氣, 再而衰, 三而竭"이라 함.

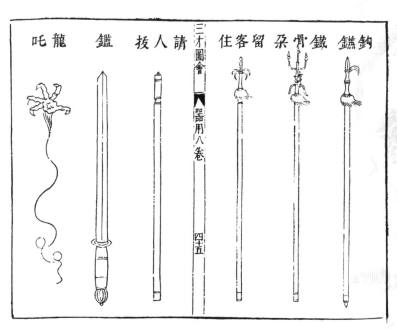

《三才圖會》에 실려 있는 고대 각종 전투 장비

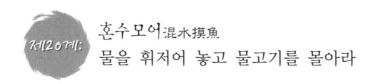

제20계: 혼수모어混水摸魚
물을 휘저어 놓고 물고기를 몰아라

반계에서 낚시질하는 강태공

적의 내부가 혼란에 빠져 그들의 역량이 약해지고 뚜렷한 지도자가 없는 틈을 이용하라. 그래서 그들로 하여금 나를 따르기를 마치 사람이 밤에 침상에 들어가 편히 자는 느낌을 갖게 하라.

乘其陰亂, 利其弱而無主, 隨, 以向晦入宴息.

按語 　적이 혼란한 국면에 빠졌을 때 오히려 충돌할 분위기가 조성되는 경우가 있다. 즉 그 때의 약자는 누구와 연합하여 누구와 싸울 것인가를 아직 정하지 않았기 때문에, 그 상대가 아무것도 결정하지 않았을 때 선수를 써서 그들을 끌어들여야 한다.

《육도六韜》에 "전군이 놀라고 사졸이 잘 정비되지 않았을 때, 그들은 적이 강하리라고 겁을 먹고 있게 된다. 그러면서 서로 눈짓과 귓속말로 유언비어가 끊이지 않게 되고, 서로 입으로는 미혹한 내용을 주고받는다. 군대 법령을 두려워하지도 않고 자신들의 장수도 중히 여기지 않는다. 이는 아주 약한 군대로 전락한 상태이다"라 하였다. 이럴 경우 혼탁한 물 속의 물고기 잡듯이 기회를 놓치지 말고 행동으로 옮겨야 한다. 이것이 곧 유비劉備가 형주荊州를 얻고 서천西川까지 진격한 예이다.

按: 動蕩之際, 數力衝撞, 弱者依違無主; 敵蔽而不察, 我隨而取之.《六韜》曰:「三軍數驚, 士卒不齊, 相恐以敵強, 相語以不利. 耳目相屬, 妖言不止, 衆口相惑. 不畏法令, 不重其將; 此弱征也.」是'魚', 混戰之際, 擇此而取之. 如劉備之得荊州·取西川, 皆此計也.

【混水摸魚】적이 혼란한 틈을 이용하여 때를 놓치지 말고 이익을 취해야 한다는 뜻. 또는 물고기를 잡으려거든, 먼저 물을 혼탁하게 휘저어 놓은 후 행동에 옮기라는 뜻. 또는 '흙탕물 속의 물고기 더듬기'란 뜻도 된다.《兵法圓機》混에 "混於虛, 則敵不知所擊; 混於實, 則敵不知所擊; 混於奇正, 則敵不知所變化. 混於軍·混於將, 則敵不知所識. 而且混敵之將以賺軍, 混敵之軍以賺將, 混敵之軍將以賺城營. 同彼旌旗, 彼衣甲, 飾彼裝束相貌, 乘機竄入; 發於腹, 攻於內, 彼不識, 我自別. 而彼不能別者, 精於混也"라 하고 그 按語에 "一混之間, 遂令敵人討頭不着. 凡討頭不着者, 皆混人也. 自言之. 自省之, 哈哈. 馮異變服亂赤眉, 呂蒙白衣襲荊州, 王皎明服搗吐蕃, 岳飛黑夜入金營, 曹孟德擄袁紹衣甲破淳于瓊; 皆混着取勝"이라 하였다.

【隨, 以向晦入宴息】사람이 아침이면 일어나 일을 하고, 밤이 되면 들어가 휴식을 취함을 말함. 《주역》隨괘에 "象曰: 澤中有雷, 隨, 君子以向晦入宴息"이라 하였고, 《六十四卦經解》에 "隨, 有隨時・隨人二義, ……日出視事, 其將晦冥, 退入宴寢而休息也. 人君旣夕之後, 入內寢"이라 하였다. 그리고 《周易經義》에는 "隨, 物相從也. 澤隨雷, 固其所也. 故君子以向晦以宴息. 夫晦, 夕也, 而息焉, 隨晦之道也"라 함.

【六韜】고대의 병법서. 여상(呂尙), 즉 강태공망(姜太公望)의 저술로 알려져 있다. 모두 6권으로 文韜・武韜・龍韜・虎韜・豹韜・犬韜 등 여섯으로 나뉘어 그 아래에 다시 60가지의 내용으로 구분되어 있다. 《수서(隋書)》경적지(經籍志)에 그 목록이 실려 있었으며 흔히 「무경칠서(武經七書)」의 하나로 《삼략(三略)》・《손오병법(孫吳兵法)》과 병칭되기도 한다. 《六韜》兵徵篇에 "武王問太公曰:「五欲未戰先知敵人之强弱, 豫見勝敗之徵, 爲之奈何?」太公曰:「勝敗之徵, 精神先見, 明將察之, 其效在人. 謹候敵人出入進退, 察其動靜, 言語妖祥, 士卒所告. 凡三軍悅懌, 士卒畏法, 敬其將命, 相喜以破敵, 相陣以勇猛, 相賢以威武, 此强徵也. 三軍數驚, 士卒不齊, 相恐以强敵, 相語以不利, 耳目相屬, 妖言不止, 衆口相惑, 不畏法令, 不重其將, 此弱徵也.」"라 함.

【魚】잡아야 할 대상이라는 뜻. 《六韜》文師에 "太公曰:「君子樂得其志, 小人樂得其事. 今吾漁, 甚有似也.」文王曰:「何謂其有似也?」太公曰:「釣有三權: 祿等以權, 死等以權, 官等以權. 夫釣以求得也, 其情深, 可以觀大矣.」"라 하였다.

【劉備】자는 玄德(161~223). 涿縣人. 한나라 景帝의 아들인 中山靖王 劉勝의 후손. 關羽・張飛와 결교하여 黃巾賊의 난을 평정하고 安喜尉가 되었으며, 曹丕와 대립하여 諸葛亮을 三顧草廬로 모셔 赤壁之戰(208) 끝에 형주・서천을 얻어 세력을 키움. 그리하여 결국 삼국정립(三國鼎立)의 형세를 이룸. 뒤에 成都로 들어가 蜀漢을 세워 삼국정립의 판세를 형성함. 뒤에 彝陵에서 패하여 白帝城에서 죽음. 시호는 昭烈帝. 《三國志》(2)에 紀가 있음.

【荊州】지금의 湖北省 江陵縣.

【西川】지금의 四川省 서부지역.

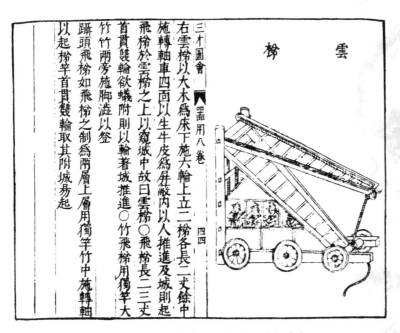

雲梯

右雲梯以大木爲床下施六輪上立二梯各長二丈餘中
施轉軸車四面以生牛皮爲屏蔽內以人推進及城則起
飛梯於雲梯之上以窺城中故曰雲梯○飛梯長二三丈
首貫雙輪欲蟻附則以輪著城推進○竹飛梯用獨竿大
竹兩旁施脚澁以登
躡頭飛梯如飛梯之制爲兩層上層用獨竿竹中施轉軸
以起梯竿首貫雙輪取其附城易起

《三才圖會》에 실려 있는 고대 각종 전투 장비

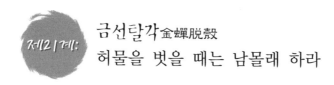

제21계: 금선탈각金蟬脫殼
허물을 벗을 때는 남몰래 하라

진지의 원형을 보존하고 협동작전의 태세를 완성시켜 우방에게
의심을 사지 않고 적으로 하여금 쉽게 행동으로 옮기지 못하게 하라.
나의 움직임을 은폐하여 일을 진행시켜라.

存其形, 完其勢, 友不疑, 敵不動. 巽而止, 蠱.

우군과 연합작전을 펼 때 나는 앉아서 우군과 적의 형세를 잘 살펴야 한다. 만약 또 다른 적이 생겨나면 우리의 원래 진지는 보존하면서 그에 대응하여 형세를 그대로 지켜야 한다.

"매미가 허물을 벗다金蟬脫殼"란 그저 도망간다는 뜻이 아니다. 이는 곧 분신分身의 계략이다. 그러므로 아군이 옮기더라도 정기旌旗나 금고金鼓는 엄연히 원상태를 유지해야 한다. 이는 적으로 하여금 감히 망동을 부리지 못하게 하며, 우군으로 하여금 의심을 품지 못하도록 하기 위함이다.

그리하여 그 또다른 적을 꺾어 버리고 돌아온 후에야 우군과 적이 비로소 알아내거나 혹은 여전히 그들이 몰라도 된다. 이처럼 금선탈각의 병법은 몰래 정예부대를 뽑아내어 또다른 적을 습격하는 병법이다.

이를테면 제갈량諸葛亮이 군중에서 병이 들어 임종을 거두자, 강유姜維가 부대를 인솔하여 제갈량의 시신을 운구할 때 마침 사마의司馬懿의 추격을 받게 되었다. 그러자 강유는 부하 양의楊儀에게 명하여 깃발을 세우고 적이 있는 곳으로 향하면서 소리지르고 북을 울리게 하여 마치 반격하는 듯한 행동을 취하도록 하였다. 그러자 사마의는 계략에 걸려든 줄 알고 겁을 내어 달아났고, 이에 양의는 병영의 군대를 다시 결집시켜 귀환할 수 있었다.(《三國志》諸葛亮傳 小注)

그리고 단도제檀道濟가 적에게 포위당하여 곤액을 치를 때, 사병들에게 모두 갑옷과 투구를 갖추게 하고 자신은 눈에 드러나는 흰옷을 입고 수레에 앉아 천천히 적의 포위를 향해 나갔다. 위군魏軍은 단도제가 복병을 숨겨놓았으리라 겁을 먹고 감히 그에게 접근하지 못하였으며, 이렇게 하여 그는 포위를 뚫고 귀환할 수 있었다.(《南史》廣名將傳 檀道濟)

按: 共友擊敵, 坐觀其勢. 倘另有一敵, 則須去而存勢. 則金蟬脫殼者, 非徒走也, 蓋爲分身之法也. 故我大軍轉動, 而旌旗金鼓, 儼然原陣. 使敵不敢動, 友不生疑. 待以摧他敵而返, 而友敵始知, 或猶且不知. 然則金蟬脫殼者, 在對敵之際, 而抽精銳以襲別陣也.

如諸葛亮病卒於軍, 司馬懿追焉. 姜維令儀反旗鳴鼓, 若向懿者. 懿退, 於是儀結營而去.(《三國志》諸葛亮傳 小注)

檀道濟被圍, 乃命軍士悉甲, 身白服, 乘輿徐出外圍. 魏懼有伏, 不敢逼, 乃歸.(《南史》廣名將傳 檀道濟)

【金蟬脫殼】 매미가 껍질을 벗듯이 몰래 주력부대를 옮긴다는 뜻이다.《元曲選》
謝天香 제2절 熬眉에 “便使些伎倆, 干愁斷我肚腸, 覓不的個脫殼金蟬這一個謊”
이라는 표현이 있고,《金瓶梅》제35절에는 “一個金蟬脫殼走了”라 하였으며,
《通俗編》禽魚 金蟬脫殼에는 “按: 金蟬是前代冠制, 若脫殼之蟬”이라는 구절이
보인다.

【巽而止】《주역》고(蠱)괘. 원래 혼란을 의미하여 “강이 위에 있고 유가 아래에
있어 상하상교(上下相交)함이 없으니 일을 은폐해야 한다”(象曰: 剛上而柔下,
巽而止, 蠱)라 하였으며《周易集解》에는 “蠱, 惑亂也. 萬事從惑而起, 故以蠱爲
事也”라 하였고, 馬融은 “蠱爲造事之端, 故擧初而明事始也”라 하였다. 巽은
謙讓・隱蔽의 뜻이며, 蠱는 事端・惑亂의 뜻이다. 여기에서는 자신의 행동을
숨기고 반란을 평정함을 뜻한다.

【諸葛亮】 孔明. 제3계 ‘借刀殺人’의 주를 볼 것.

【姜維】 202~264. 제갈량이 죽은 후 병권을 물려받아 수차에 걸쳐 북벌원정으로
위를 쳤으며, 그때마다 지나치게 자신의 역량을 과시한 나머지 많은 손실을
입음.《三國志》蜀志(14)에 전이 있음.

【楊儀】 역시 삼국시대 촉한의 장수.《十八史略》(3)에 “亮使者至懿軍, 懿問其寢食
及事煩簡, 而不及戎事, 使者曰:「諸葛公夙興夜寐, 罰二十以上皆親覽, 所噉食不
至數升.」懿告人曰:「食少事煩, 其能久乎?」亮病篤. 有大星, 赤而芒, 墜亮營中.
未幾亮卒. 長史楊儀, 整軍還, 百姓奔告懿, 懿追之. 姜維令儀反旗鳴鼓, 若將向懿,
懿不敢逼. 百姓爲之諺曰:「死諸葛, 走生仲達.」懿笑曰:「吾能料生, 不能料死.」
라 함.

【司馬懿】 司馬仲達. 제3계 ‘借刀殺人’의 주를 볼 것.

【檀道濟】 (?~436) 남조 宋나라 때 高平 金鄕人. 檀昭의 아우이며 東晋 말 劉裕를
따라 京城을 평정하고 유유의 建武軍事를 거쳐 太尉參軍이 됨. 晉 安帝 義熙
12년(416) 유유를 따라 後秦을 공격, 선봉이 되어 낙양으로 들어가 많은 포로를
풀어주어 中原이 감동하여 귀속한 자가 많았다 함. 長安이 평정되자 琅邪內史가
되었으며, 宋나라가 들어서자 護軍將軍이 되어 永水縣公에 봉해짐. 宋 武帝(유유)가
임종할 때 徐羨之 등과 유서를 받들어 少帝(劉義符)를 폐위시키는 일에 가담하였
으며, 송 문제(劉義隆)가 즉위하자 다시 중용되어 元嘉 8년(431)에 북벌에 나섰으나,

군량이 소진하여 귀환함. 司空을 거쳐 尋陽을 진수함. 그의 이름이 위세를 떨쳐 魏나라 사람들이 두려워하자, 조정에서는 그를 시기하여 劉湛의 참소로 피살됨.《宋書》(43)와《南史》(15)에 전이 있음. 그는 체포되었을 때 "만리장성을 허물고자 하는구나"(乃壞汝萬里長城耶)라 한 말로 유명함.《십팔사략》(4)에 "宋主登石頭城, 北望歎曰:「檀道濟若在, 豈使胡馬至此?」道濟立功前朝, 老於用兵. 先是以讒被收, 目光如炬. 脫幘投地曰:「乃壞汝萬里長城.」 旣誅, 魏人聞之喜曰:「吳子輩不足復憚.」至是長驅, 無能禦者. 宋人或欲斬玄謨, 沈慶之止之曰:「佛狸威震天下, 控弦百萬. 豈玄謨所能當? 殺戰將以自弱, 非計也.」"라 하였으며,《幼學瓊林》에는 "宋寇準, 眞是北門鎖鑰; 檀道濟, 不愧萬里長城"라 한 말이 있음. 특히 그는《南史》王敬則傳에 의하며, 이《삼십륙계》와 깊은 관련이 있는 것으로 보임. (解題 부분을 볼 것)

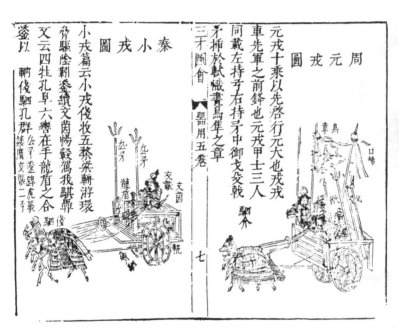

《三才圖會》에 실려 있는 고대 각종 전투 장비

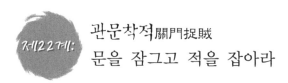

제22계:
관문착적 關門捉賊
문을 잠그고 적을 잡아라

병사의 고름을 빨아주는 오기

약한 적을 포위하여 섬멸할 때는 각박하게 해야 한다. 잘못
풀어 주었다가는 오히려 화를 입으리라.

小敵困之. 剝, 不利有攸往.

按語 도적을 잡으려면 반드시 문부터 잠가야 한다는 것은 그들을 놓칠까 겁이 나서가 아니라, 그들이 도망가면 남이 그 횡재를 얻게 됨을 걱정해서이다. 한편 이미 놓쳤다면 더 이상 쫓지 말아야 한다. 그들의 유인에 말려들 위험이 있기 때문이다. 적이란 기이한 존재이며 또 그들은 유동적인 존재이다. 그 때문에 나를 수고롭게 할 것이기 때문이다.

《오자吳子》의 병법에 "지금 도망친 적 하나가 광야에 숨어 있을 때, 비록 천여 병사를 풀어 그를 잡으려 해도 보이지도 않으면 오히려 이쪽이 조심하지 않으면 안 된다. 웬 까닭인가? 왜냐하면 뒤쫓는 자가 오히려 기습 받아 상해를 입기 때문이다. 그러므로 도적 하나가 목숨을 버리기로 작정하면 족히 천 명 정도는 벌벌 떨게 할 수 있는 것이다"라 하였다.《吳子》厲士 第六)

도적을 쫓다가 그 도적이 도망갈 기회를 잡게 된다면 이를 적극 막고 싸워야 하며, 만약 그 퇴로를 끊을 수 있다면 잡는 것은 성공하리라! 그러므로 약소한 적은 아주 섬멸하고 그렇지 않다면 놓아 주어야 한다.

按: 捉賊而必關門者, 非恐其逸也, 恐其逸而爲他人所得也. 且逸者不可復追, 恐其誘也. 賊者, 奇兵也, 游兵也, 所以勞我者也.

《吳子》曰:「今使一死賊, 伏于曠野, 千人追之, 莫不梟視狼顧. 何者? 恐其暴起而害己也. 是以一人投命, 足懼千夫.」(《吳子》厲士第六)

追賊者, 賊有脫逃之機, 勢必死鬪; 若斷其去路, 則成擒矣!

故小敵必困之; 不能, 則放之可也.

【關門捉賊】역량이 적은 상대를 포위하여 섬멸하는 병법이다. 《兵法圓機》에 "制人於危難, 扼人於深絶, 誘人於伏內. 張機設阱, 必度其不可脱而後發. 蓋早發敵逸, 猶遲發失時. 故善兵者制人於無所逸"이라 하였다. 원래는 도적이 집 안에 들어왔을 때는 그가 도망갈 수 없도록 문부터 잠그고 잡는다는 뜻이었다.

【剝】《주역》박(剝)괘. "단에 剝은 긁어낸다는 뜻이다. 유(柔)가 강(剛)을 변질 시키려고 대드는 형상이므로 궁핍한 곳까지 몰아쳐 제거해야 한다는 뜻이다. 그렇지 않으면 작은 것이 커진다. 순리대로 해놓고 그쳐야 한다"(彖曰: 剝, 剝也. 柔變剛也, 不利有攸往, 小人長也, 順而止之)라 하였다. 그리고 《六十四卦經解》에는 "剝, 裂也. 從刀從彔, 彔, 刻割也. 又, 落也, 萬物零落之象"이라 하였다.

【游兵】유격대를 말함. 《草廬經略》游兵에 "游兵者, 謂其無定在也. 必士果銳而騎超捷, 將勇悍而善應變. 時而東, 復時而西; 時而出, 復時而入. 敵怒而迎, 我引而退; 敵倦而息, 我臨而擾. 擊其左, 擊其右, 擊其前, 復擊其後. 擊其解弛而無備, 倉卒難救. 抄其穀食, 焚其集聚, 劫其輜重, 襲其要城, 取其別營, 絶其便道; 或朝或暮, 伺敵之隙, 乘間取利. 飄忽迅速, 莫可踪迹. 於我爲軍之聲援, 於敵爲彼之後患. 夫使賊腹背均患, 進退維谷, 則不難於剪除, 全勝之策, 是一道也"라 함.

【梟視】아무것도 보이지 않음. 올빼미는 낮에 큰 눈을 뜨고 있지만, 실제로는 보이는 것이 없음을 뜻함. 《吳子直解》勵士 주에 "梟, 惡鳥也. 日午不見物, 故數視"라 함. 흔히 아무것도 보지 못하는 것처럼 가장함을 뜻하기도 함.

【狼顧】이리는 겁이 많아 걸으면서도 계속 뒤돌아보며 살핌. 《史記》蘇秦列傳에 "秦雖欲深入, 則狼顧, 恐韓魏之議其後也"라 함.

【吳子】吳起(?~B.C. 381년). 전국시대 손자와 병칭되던 병법가. 그의 병법서 《吳子》가 전함.(《史記》孫子吳起列傳 참조)《오자》勵士篇에 "武侯召吳起而謂曰:「子前日之敎行矣.」起對曰:「臣聞人有短長, 氣有盛衰. 君試發無功者五萬人, 臣請率以當之. 脫其不勝, 取笑於諸侯, 失權於天下矣. 今使一死賊伏於曠野, 千人追之, 莫不梟視狼顧. 何者? 恐其暴起而害己也. 是以一人投命, 足懼千夫. 今臣以五萬之衆, 而爲一死賊, 率以討之, 固難敵矣.」"라 함.

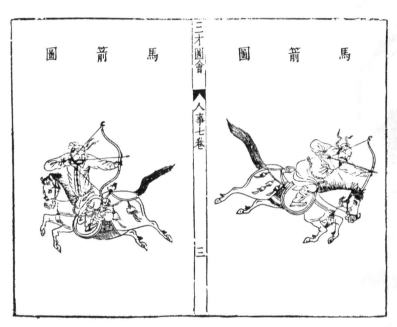

《三才圖會》에 실려 있는 고대 각종 전투 방법

제23계: 원교근공遠交近攻
먼 곳과는 외교를 트고
가까운 곳은 공격하라

반계로 돌아가는 강태공

군사상 세력이 불리할 때는 가까운 곳에서 우선 이익을 취하라. 이웃을 넘어 멀리 공격하는 것은 이롭지 못하다. 이는 마치 불은 위에서 타는데 못이 아래에 있어 도움이 되지 못함과 같다.

形禁勢格, 利從近取, 害以遠隔. 上火下澤.

按語 피아간에 혼전이 이루어지고 있을 때에는 종횡술을 잘 운용하는 쪽이 이기게 된다. 그러니 먼 곳의 적과는 오히려 서로 연합하여 우선 그들에게 이익으로써 결교結交해야 한다. 가까운 적과 잘못 외교를 맺었다가는 도리어 치명적인 위협을 받을 가능성이 있다.

이 때문에 범수范雎의 원교근공遠交近攻책은 곧 지리의 원근을 근거로 하여 외교와 공격을 적절히 사용한 것이니 그 이치가 매우 명확하다. 《史記》 范雎列傳)

按: 混戰之局, 縱橫捭闔之中, 各自取利.

遠不可攻, 而可以利相結; 近者交之, 反而使變生肘腋. 范雎之謀, 爲地理之定則, 其理甚明.(《史記》范雎列傳)

【遠交近攻】전국시대 범저(范雎, 范雎)가 진(秦)나라를 위하여 멀리 있는 연(燕)·제(齊) 두 나라와는 친화외교를 쓰고, 이웃인 한(韓)·조(趙)·위(魏) 등은 차례로 쳐서 六國을 멸망시켜야 한다는 주장.《史記》范雎(雎)列傳에 "范雎曰:「大王之國, 四塞以爲固, 北有甘泉·谷口, 南帶涇·渭, 右隴·蜀, 左關·阪, 奮擊百萬, 戰車千乘, 利則出攻, 不利則入守, 此王者之地也. 民怯於私鬪而勇於公戰, 此王者之民也. 王并此二者而有之. 夫以秦卒之勇, 車騎之衆, 以治諸侯, 譬若施韓盧而搏蹇兔也, 霸王之業可致也, 而羣臣莫當其位. 至今閉關十五年, 不敢窺兵於山東者, 是穰侯爲秦謀不忠, 而大王之計有所失也.」秦王跽曰:「寡人願聞失計.」然左右多竊聽者, 范雎恐, 未敢言內, 先言外事, 以觀秦王之俯仰. 因進曰:「大穰侯越韓·魏而攻齊綱·壽, 非計也. 少出師則不足以傷齊, 多出師則害於秦. 臣意王之計, 欲少出師而悉韓·魏之兵也, 則不義矣. 今見與國之不親也, 越人之國而攻, 可乎? 其於計疏矣. 且昔齊湣王南攻楚, 破軍殺將, 再辟地千里, 而齊尺寸之地無得焉者, 豈不欲得地哉, 形勢不能有也. 諸侯見齊之罷弊, 君臣之不和也, 興兵而伐齊, 大破之. 士辱兵頓, 皆咎其王, 曰:『誰爲此計者乎?』王曰:『文子爲之.』大臣作亂, 文子出走. 故齊所以大破者, 以其伐楚而肥韓·魏也. 此所謂借賊兵而齎盜糧者也. 王不如遠

交而近攻, 得寸則王之寸也, 得尺亦王之尺也. 今釋此而遠攻, 不亦繆乎! 且昔者 中山之國地方五百里, 趙獨呑之, 功成名立而利附焉, 天下莫之能害也. 今夫韓·魏, 中國之處而天下之樞也, 王其欲霸, 必親中國以爲天下樞, 以威楚·趙. 楚彊則附趙, 趙彊則附楚, 楚·趙皆附, 齊必懼矣. 齊懼, 必卑辭重幣以事秦. 齊附而韓·魏因可 虜也.」昭王曰:「吾欲親魏久矣, 而魏多變之國也, 寡人不能親. 請問親魏奈何?」 對曰:「王卑詞重幣以事之; 不可, 則割地而賂之; 不可, 因擧兵而伐之.」王曰: 「寡人敬聞命矣.」乃拜范睢爲客卿, 謀兵事. 卒聽范睢謀, 使五大夫綰伐魏, 拔懷. 後二歲, 拔邢丘"라 함.

【形禁勢格】形格勢禁이라고도 쓰며, 지리 형세의 제한을 받음을 뜻함.《사기》 손자열전에 "批亢搗虛, 形格勢禁, 則自爲解耳"라 함.

【上火下澤】《주역》규(睽)괘. "위에는 불, 아래에는 못 물이 있으니 서로 도움이 못된다. 군자는 이를 보고 같으면서 다른 이치를 헤아려야 한다"(象曰: 上火下澤, 睽, 君子以同而異)라 함. 한편《易經增注》에 "象曰: 睽, 火動而上, 澤動而下" 라 하고 주에 "睽, 性志不同, 爲離爲疑, 是世道人情窮則睽之時也. 象取同而異, 蓋天下之理原同也. 而用於時行, 事隨地起, 則柔可以互濟, 經權可以幷行. 在同 而異, 乃所以同也. 離兌同取於坤, 而上下性異, 用得其宜, 未始不相濟也"라 함.

【縱橫】전국시대의 외교술. 蘇秦의 合縱說과 張儀의 連橫說을 말함. 혹은 가로 세로를 뜻함.

【捭闔】패(捭)는 '열다'(開)의 뜻이며 闔은 '닫다'(閉)의 뜻.《鬼谷子》捭闔에 "捭之者, 開也, 言也, 陽也; 闔之者, 閉也, 黙也, 陰也"라 함

【范睢】范雎로 표기된 것은 오류임. 전국시대 진(秦)의 재상으로 '원교근공'책으로 잘 알려짐. 자는 叔. 뒤에 이름을 張祿으로 바꿈. 원래 魏나라 사람으로 자신의 개혁 건의가 받아들여지지 않고 심한 구타를 당하자 秦나라로 들어가 여러 가지 계략 끝에 昭王(B.C.306~251년 재위)을 만나 秦나라 천하통일의 기틀을 마련함.(《史記》范睢蔡澤列傳 참조)

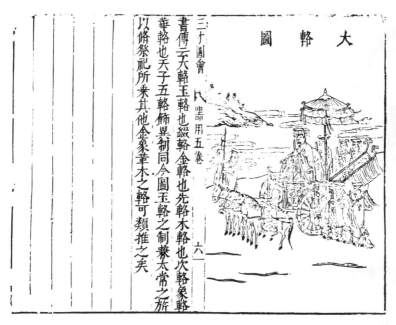

《三才圖會》에 실려 있는 고대 각종 전투 장비

제24계: 가도벌괵假途伐虢
괵나라를 친다는 구실로 길을 빌려라

대국 사이에 끼인 소국은 어느 쪽이건 무력침공의 기미가 보이면 즉시 또 다른 나라에 빌붙게 된다. 이런 곤경에 처한 소국은 그저 말로만 도와준다고 허락하고 행동으로 옮기지 않아도 내 편으로 만들 수 있다.

兩大之間, 敵脅以從, 我假以勢. 困, 有言不信.

　　길을 빌린다는 구실로 군대를 일으키는 것은 교언영색으로 속여서 될 일은 아니다. 상대가 결국 어느 한쪽에라도 붙지 않으면 쌍방의 협격夾擊을 받을 처지에 있는 경우여야 한다. 이런 사정이 되었을 때 만약 적이 무력으로 핍박해 오면 우리 쪽에서는 그에게 전혀 해를 주지 않으리라는 꾀임과 그들의 행존심리幸存心理를 이용하여 얼른 그 전부를 우리 마음대로 할 수 있도록 만들어야 한다.

이렇게 되면 그들은 주권을 잃고 우리에게 종속되어 싸우지 않고 이를 멸한 것과 같은 효과가 된다.

이를테면 춘추시대 진晉나라 헌공獻公이 우虞나라 길을 빌려 괵虢나라를 쳐서 멸망시켜 버렸다. 괵공虢公 추丑는 주周나라 서울 낙양洛陽으로 달아나 버렸다. 진나라는 개선하며 돌아오는 길에 우나라도 습격하여 멸망시키고 말았다.(《左傳》僖公 二年·五年)

按: 假地用兵之擧, 非巧言可誑. 必其勢不受一方之脅從, 則將受雙方之夾擊. 如此境況之際, 敵必迫之以威, 我則誑之以不害, 利其幸存之心, 速得全勢. 彼將不能自陣, 故不戰而滅之矣.

如晉侯假道於虞以伐虢. 晉滅虢, 虢公丑奔京師. 師還, 襲虞滅之.(《左傳》僖公 二年·五年)

【假途伐虢】춘추시대 우(虞)와 괵(虢) 두 나라가 인접해 있으면서 또한 모두 진(晉)나라에 가까웠다. 진나라 헌공은 이를 병탄할 야심을 품고, 당시 순식(荀息)의 전략을 써서 먼저 명마와 보옥을 써서 우나라를 매수한 후 괵나라를 칠 터이니 우나라는 길을 빌려 달라고 하였다. 뒤에 괵나라를 멸망시킨 다음(희공 2년, B.C.658) 우나라 또한 자연스럽게 쳐서 멸망시키고 말았다.(B.C.655) 이는 '脣亡齒寒'의 고사이기도 하며 많은 책에 실려 있다.

《左傳》僖公 2년에 "晉荀息請以屈産之乘與垂棘之璧假道於虞以伐虢. 公曰: 「是吾寶也.」對曰: 「若得道於虞, 猶外府也.」公曰: 「宮之奇存焉.」對曰: 「宮之奇之爲人也, 懦而不能强諫. 且少長於君, 君暱之; 雖諫, 將不聽.」乃使荀息假道於虞, 曰: 「冀爲不道, 入自顚軨, 伐鄍三門. 冀之旣病, 則亦唯君故. 今虢爲不道, 保於逆旅, 以侵敝邑之南鄙. 敢請假道, 以請罪于虢.」虞公許之, 且請先伐虢. 宮之奇諫, 不聽, 遂起師. 夏, 晉里克 · 荀息帥師會虞師, 伐虢, 滅下陽. 先書虞, 賄故也"라 하였고, 5년에는 "晉侯復假道於虞以伐虢. 宮之奇諫曰: 「虢, 虞之表也; 虢亡, 虞必從之. 晉不可啓, 寇不可翫. 一之謂甚, 其可再乎? 諺所謂輔車相依, 脣亡齒寒 者, 其虞, 虢之謂也.」公曰: 「晉, 吾宗也, 豈害我哉?」對曰: 「大伯 · 虞仲, 大王之昭也; 大伯不從, 是以不嗣. 虢仲 · 虢叔, 王季之穆也, 爲文王卿士, 勳在王室, 藏於盟府. 將虢是滅, 何愛於虞? 且虞能親於桓 · 莊乎? 其愛之也, 桓 · 莊之族何罪? 而以爲戮, 不唯偪乎? 親以寵偪, 猶尙害之, 況以國乎?」公曰: 「吾享祀豐絜, 神必據我.」對曰: 「臣聞之, 鬼神非人實親, 惟德是依. 故周書曰: '皇天無親, 惟德是輔.' 又曰: '黍稷非馨, 明德惟馨.' 又曰: '民不易物, 惟德繄物.' 如是, 則非德, 民不和, 神不享矣. 神所馮依, 將在德矣. 若晉取虞, 而明德以薦馨香, 神其吐之乎?」弗聽, 許晉使. 宮之奇以其族行, 曰: 「虞不臘矣. 在此行也, 晉不更擧矣.」八月甲午, 晉侯圍上陽. 問於卜偃曰: 「吾其濟乎?」對曰: 「克之.」公曰: 「何時?」對曰: 「童謠云, '丙之晨, 龍尾伏辰; 均服振振, 取虢之旂. 鶉之賁賁, 天策焞焞, 火中成軍, 虢公其奔.' 其九月 · 十月之交乎! 丙子旦, 日在尾, 月在策, 鶉火中, 必是時也.」冬十二月丙子, 朔, 晉滅虢. 虢公醜奔京師. 師還, 館于虞, 遂襲虞, 滅之. 執虞公及其大夫井伯, 以媵秦穆姬, 而修虞祀, 且歸其職貢於王. 故書曰: 「晉人執虞公」, 罪虞, 且言易也"라 하였다.

한편《韓非子》十過篇에는 "昔者, 晉獻公欲假道於虞以伐虢. 荀息曰:「君其以垂
棘之璧與屈産之乘, 賂虞公, 求假道焉, 必假我道.」君曰:「垂棘之璧, 吾先君之
寶也; 屈産之乘, 寡人之駿馬也. 若受吾幣不假之道, 將奈何?」荀息曰:「彼不假我道,
必不敢受我幣. 若受我幣而假我道, 則是寶猶取之內府而藏之外府也, 馬猶取之
內廐而著之外廐也. 君勿憂.」君曰:「諾.」乃使荀息以垂棘之璧與屈産之乘賂虞
公而求假道焉. 虞公貪利其璧與馬而欲許之. 宮之奇諫曰:「不可許. 夫虞之有虢也,
如車之有輔. 輔依車, 車亦依輔, 虞‧虢之勢正是也. 若假之道, 則虢朝亡而虞夕從
之矣. 不可, 願勿許.」虞公弗聽, 遂假之道. 荀息伐虢之還. 反處三年, 興兵伐虞,
又剋之. 荀息牽馬操璧而報獻公, 獻公說曰:「璧則猶是也. 雖然, 馬齒亦益長矣.」
故虞公之兵殆而地削者, 何也? 愛小利而不慮其害"라 하였으며 喩老篇에는 "晉獻
公以垂棘之璧, 假道於虞而伐虢, 大夫宮之奇諫曰:「不可. 脣亡而齒寒, 虞‧虢相救,
非相德也. 今日晉滅虢, 明日虞必隨之亡.」虞君不聽, 受其璧而假之道. 晉已取虢,
還, 反滅虞"라 하였다. 內儲說下에는 "晉獻公欲伐虞‧虢, 乃遺之屈産之乘, 垂棘
之璧, 女樂二八, 以榮其意而亂其政"이라 하였다.

【困】《주역》곤(困)괘. "말은 있으나 믿음이 없다. 말이 많으면 궁지에 빠지리라"
(有言不信, 尙口乃窮也)라 함.《周易姚氏學》에 "按: 處困之時, 不見信於人, 故有言
不信"이라 하였고,《周易集解》에는 "虞飜曰: 震爲言, 折入兌, 故有言不信, 尙口
乃窮"이라 하였다.

【京師】 서울을 지칭하는 말.

삼십륙계

제5부
병전계幷戰計

이는 우군이 우리를 도울 때 그 우군에 대한 작전이다. 우군은 결국 잠재적인 적군임을 인식하고 공동의 적을 상대로 싸우고 있지만 기회를 보아 그 우군을 병탄하여 의외의 목적도 달성해야 한다는 것이다. 전법 중에 지극한 음독陰毒의 계략이다.

투량환주偸梁換柱·지상매괴指桑罵槐·가치불전假痴不癲·상옥추제 上屋抽梯·수상개화樹上開花·반객위주反客爲主 등 여섯 가지 계략을 내세우고 있다.

姜太公(呂尙)

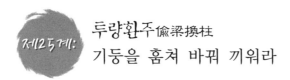

투량환주偸梁換柱
기둥을 훔쳐 바꿔 끼워라

張良의 모습

　연합 작전을 펼 때에는 우방군대의 진용을 자주 바꾸고 그 주력
부대를 뽑아 무력시키고 스스로 실패에 빠지게 한 후 병탄하라.
이렇게 하여 수레의 방향을 내가 장악해야 한다.

　頻更其陣, 抽其勁旅, 待其自敗, 而後乘之. 曳其輪也.

按語 포진은 동서남북의 방위를 살펴 종횡으로 하고, 천형天衡을 동량棟梁으로, 지축地軸을 기둥으로 삼는다.

동량과 지축의 위치에는 정병精兵을 포진시킨다. 그렇게 하여 적진을 살펴보면 적군의 주력부대의 소재를 알 수 있다. 이 때 아군이 다른 부대와 연합작전 중이면 마땅히 그 진세陣勢를 변경하여 몰래 우리의 주력부대를 뽑아낸다. 그리고 그 자리에 우리의 다른 부대로 하여금 지키게 하고는 형세가 이루어지면 그 진영을 무너뜨리고 주력부대는 얼른 우군을 겸병하게 한다.

이렇게 병권을 겸병하여 우군의 군대로 하여금 적의 머리를 치게 하는 책략이다.

按: 陣有縱橫, 天衡爲梁, 地軸爲柱, 梁·柱以精兵爲之. 故觀其陣, 則知其精兵之所在. 共戰他敵時, 頻更其陣, 暗中抽換其精兵, 或竟代其爲梁柱, 勢成陣塌, 遂兼其兵. 并此敵以擊他敵之首策也.

【偸梁換柱】 연합작전 때에 그 주력부대를 뽑아 병권을 장악한 후 적을 치는 책략. 다른 말로 투천환일(偸天換日), 투룡환봉(偸龍換鳳)이라고도 함.《紅樓夢》 제77회에 "偏偏鳳姐想出一條偸梁換柱之計"라는 말이 있다.

【曳其輪】 바퀴를 내가 끌고 감. 주도권을 잡고 장악함.《周易》未旣卦에 "九二, 曳其輪, 貞吉"이라 하였으며,《周易集解》에는 "姚信曰: 坎爲曳, 爲輪. 兩陰夾陽, 輪之象也. 二應於五, 而隔於四, 止而據初, 故曳其輪, 處中而行. 故曰貞吉. 干寶曰: 坎爲輪, 離爲牛, 牛曳輪, 上以承五命. 猶東蕃之諸侯, 共攻三監, 以康周道, 故曰貞 吉也"라 함.

【天衡】 고대 설진(設陣)의 부위 명칭. "천형은 전후에 세워 두 가로로 상대하게 하는 것"(天衡, 居前後也, 二橫相對)이라 함.

【地軸】 역시 고대 설진의 부위 명칭. "지축은 중앙을 관통하게 하는 것"(地軸, 貫中央也)이라 함.

【陣塌】 적이 쳐들어오기 전에 먼저 스스로 진영을 무너뜨려 버림.

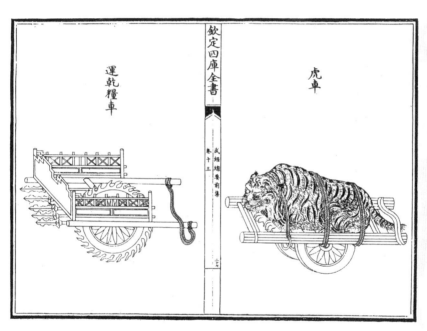

《武經總要》에 실려 있는 고대 각종 전투 장비

제26계:

지상매괴指桑罵槐
뽕나무를 가리키며 괴나무를 꾸짖어라

垓下戰 모습

　강한 자가 약한 자를 겁으로 굴복시키려면 먼저 경고의 방법으로 유도해야 한다. 적당한 강경強硬을 써서 응해오도록 해야 하며 어떤 어려움에도 과감히 내질러 순복順服시켜라

　大凌小者, 警以誘之. 剛中而應, 行險而順.

　　　명령에 잘 복종하지 않는 부대를 인솔할 때에 만약 정책을 내려도 실행에 옮기지 않고 버틸 때는, 이利로써 유도하되 도리어 의심을 갖도록 한다.

　이 때 고의로 사단事端을 만들어 다른 사람을 심하게 꾸짖되 그 말이 이利로 유혹 받은 자에게 암중경고暗中警告가 되도록 한다.

　경고란 오히려 유도가 되는 것이다. 이것이 바로 강하고 험악한 방법으로 부리는 기술이다. 어떤 이는 "이는 장수를 파견하여 부리고 거느리는 법술이다"라 하였다.

　按: 率數未服者以對敵, 若策之不行, 而利誘之, 又反啓其疑. 於是故爲自誤, 責他人之失, 以暗警之. 警之者, 反誘之也, 此蓋以剛險驅之也.
　或曰:「此遣將法也.」

【指桑罵槐】일종의 암시법이다. '살계경후'(殺鷄儆猴)・'고산진호'(敲山震虎)・'지구매계'(指狗罵鷄) 등으로도 표현한다. 孫子(孫武)가 吳나라 궁궐에서 부인들을 훈련할 때의 방법이다.《兵法圓機》에 "勵士原不一法, 而予謂: 名加則剛勇者奮, 利誘則仁義者奮. 迫之以勢, 陷之以危, 詭之以術則柔弱者亦奮"이라 하였고, 같은 책〈勒篇〉按語에 "襄苴立表斬莊賈, 勒後至者; 祭遵格殺舍中兒, 勒犯法者; 呂蒙泣斬里卒, 勒取物者"라 하였다. 원래는 갑을 나무라면서 을에게 경계를 주는 것을 말한다. 한편《紅樓夢》16회에 "偏一點兒, 他們就指桑罵槐的抱怨"이라는 표현이 있다.

【剛中而應, 行險而順】《주역》사(師)괘. 전쟁을 상징하는 괘로써 "師는 무리라는 뜻이다. 中을 강직하게 하여 응하게 하고, 어려움을 행하여 순복하게 한다. 이런 혹독함으로 천하를 몰고 가도 백성은 이에 따르리라"(象曰: 師, 衆也. ……剛中而應, 行險而順, 以此毒天下, 而民從之)라 함. 한편 '師'는 고대 군대의 편제로 《周禮》夏官 司馬에 "凡制軍, 萬二千五百人爲軍. 王六軍, 大國三軍, 次國二軍,

小國一軍. 軍將皆命卿. 二千有五百人爲師, 師帥皆中大夫. 五百人爲旅, 旅帥皆下大夫. 百人爲卒, 卒長皆上士. 二十五人爲兩, 兩司馬皆中士. 五人爲伍, 伍皆有長"이라 하여 2천5백 명의 군사를 말한다.

【策】《趙注孫子十三篇》에 "策者, 據其事理勢力, 而籌算之也"라 함.

【遣將法】 장수를 파견하는 방법.

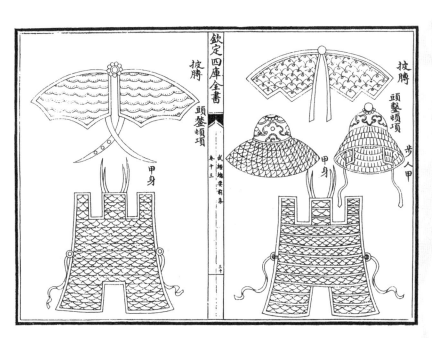

《武經總要》에 실려 있는 고대 각종 전투 장비

제27계: 가치부전假痴不癲

바보스러운 듯 가장하되

　　　　　냉정히 하여 날뛰지 마라

차라리 거짓으로라도 몰라서 못하였다고 할지언정 잘 알지도
못하면서 거짓된 행동을 하는 경우는 없도록 하라.

고요히 하여 천기를 노출하는 일이 없어야 하니 이것이 곧 겨울의
우레가 폭발하기 위한 기회를 위해 저축하고 있는 것과 같은 이치이다.

寧爲作不知不爲, 不僞作假知妄爲。 静不露機。 雲雷屯也

어리석음을 가장하는 것은 실로 대단한 지혜이다. 거짓으로 행동을 멈추고 있는 것은 실로 해서는 안 될 때임을 아주 잘 알고 있기 때문이다. 삼국시대 사마의司馬懿가 거짓으로 병들고 노쇠하였다고 속여 조상曹爽을 유혹하여 죽여 버렸다. 그 외에 그는 또 제갈량諸葛亮으로부터 여자 옷을 받고 청명請命이라 속여 촉蜀의 병사들을 피로하게 하여 성공을 거두었다.

한편 강유姜維는 아홉 번이나 중원中原으로 출정하여, 해서는 안 될 것을 뻔히 알면서도 망동을 하였으니 이는 미친 것과 같다. 그리하여 결국은 패하고 말았던 것이다.

《손자》의 병서兵書에 "용병을 잘하여 승리를 얻는 자는 명예를 얻기 위해서이나 전공을 자랑하기 위해서 싸우는 자는 아니다"라 하였다.
(《孫子》形篇)

승리의 기미가 성숙되지 않았을 때는 오히려 침착하게 바보스러운 냉정을 지켜야 한다. 만약 있지도 않은 힘을 과시하면 자신의 허약을 노출할 뿐만 아니라 또한 시기상조의 행동으로 무리의 의심만 사게 된다. 그러므로 바보스러운 듯 냉정한 자는 승리하고, 힘 있는 듯 날뛰는 자는 패배하게 되는 것이다.

혹或이 이르되 "거짓 바보스러움으로 적을 대할 수 있고, 이는 아울러 군을 다스리는 첩경이다"라 하였다.

송宋나라 때 남방 사람들은 귀신을 숭상하는 풍습이 있었다. 대장군 적청(狄靑, 武襄)이 남만南蠻의 농지고儂知高를 치러 갔다. 그들이 계림桂林의 남쪽에 닿자, 적청은 곧 거짓으로 귀신을 숭배하는 척하며 "이번 전쟁은 그 결과를 예측할 수 없도다"라 하면서 이에 돈 백 전을 꺼내었다. 이를 신전에 바치면서 "우리가 만약 승리하게 될 것이면 이 동전을 땅에 던졌을 때 돈의 앞면이 위로 오리라"하였다.

오히려 불안한 좌우는 "만약 뜻대로 안되면 오히려 장병들의 사기만 떨어뜨릴 것입니다"라 하면서 말렸다. 적청은 이들의 말을 듣지 않았다. 그는 모든 장병들이 지켜보는 가운데 동전 백 개를 한꺼번에 던졌다.

그런데 그 동전들이 모두 앞면이 보이는 게 아닌가? 이에 병사들이
환호성을 질렀으며, 그 소리는 온 산야에 메아리칠 정도였다. 적청도
놀란 기분을 감추지 못하여 모두에게 흩어진 동전을 소밀하게 모아
모두 그대로 땅에 못으로 박도록 명령하고는 친히 비단을 그 위에
덮어 봉하면서 "우리가 개선하여 돌아올 때 마땅히 귀신에게 알맞게
바치고 나머지는 거두어 가자"라 하였다.

그 뒤 과연 옹주邕州를 평정하고 귀환할 때 그 곳에 이르러 약속대로
동전을 모두 거두었는데 막부에서 사대부들에게만 보여 주었다. 물론
동전은 양면이 모두 똑같은 것이었다.(《戰略考》宋)

按: 假作不知而實知, 假作不爲而實不可爲.

司馬懿之假病昏以誅曹爽, 受巾幗, 假請命, 以老蜀兵, 所以成功.

姜維九伐中原, 明知不可爲而妄爲之, 則以痴矣! 所以破滅.

兵書曰:「故善戰者之勝也, 無智名, 無勇功.」(《孫子》形篇)

當其機未發時, 靜屯似痴; 若假癲, 則不但露機, 且亂動而群疑. 故假痴
者勝, 假癲者敗. 或曰:「假痴可以對敵, 并可以用兵.」

宋代, 南俗尙鬼. 狄武襄青征儂智高時, 大兵始出桂林之南, 因佯祝曰:
「勝敗無以爲據.」乃取百錢自持, 與神約:「果大捷, 則投此錢盡錢面也.」
左右諫止:「倘不知意, 恐沮師.」武襄不聽, 萬衆方聳視, 已而揮手一擲,
百錢皆面. 於是擧手歡呼, 聲震林野. 武襄也大喜, 顧左右, 取百釘來, 卽隨錢
疏密, 布地而帖釘之, 加以靑紗籠護, 手自封焉. 曰:「俟凱旋, 當酬神取錢.」
其後平邕州還師, 如言取錢, 幕府士大夫共視, 乃兩面錢也.(《戰略考》宋)

【假痴不癲】 귀머거리나 벙어리처럼 바보스럽게 하여 냉정을 지키며 날뛰거나 과시하지 않는 것. 痴는 병이 없으면서 병이 있는 듯 바보스럽게 행동하는 것을 말하며, 癲은 있지도 않은 힘을 과시하며 미친 듯이 날뛰는 것을 말함.

【雲雷屯】 《주역》 둔(屯)괘. 강력한 운뢰(구름 속의 우레)도 겨울이 되면 모두 감추고 간직하여 봄이 왔을 때 폭발한다는 뜻. 《周易》 屯괘에 "象曰: 雲雷屯, 君子以經論"이라 하였고, 《周易姚氏學》에 "겨울 우레는 땅 속에 감추어져 있다가 봄에 이르러 나타나기 시작한다"(冬雷藏地中, 至春乃激薄而出)라 함. 한편 《潛虛述義》에 "上雷伏於地, 或震於天; 火伏於灰, 或燎於原. 雷震火燎, 因時勢也"라 함.

【司馬懿】 197~251. 삼국시대 인물 자는 중달(仲達).

【宣帝】 司馬懿(179~251). 자는 仲達. 溫縣人. 司馬師와 司馬昭의 아버지이며 司馬炎(西晉의 첫 황제 晉武帝, 265~290 재위)의 할아버지. 曹操가 승상이 되자 그의 掾이 되었다가 능력을 인정받아 尙書를 거쳐 撫軍에 올라 蜀漢을 막음. 뒤에 大將軍 曹爽과 함께 曹芳을 보좌하다가 조상을 유인하여 죽이고(249년) 漢나라 정권을 휘둘렀으며, 諡號는 文으로 하였다가 다시 宣文이라 하였음. 魏 元帝(陳留王) 때 宣王으로 부름. 司馬炎이 魏나라를 이어받고 황제가 되어 晉나라를 세우자 宣帝라 추존하였음. 《晉書》(1)에 紀가 있음.

【曹爽】 ?~249. 자는 소백(昭伯). 沛國의 譙 땅 사람. 239년 曹芳이 즉위하자 사마의는 태부가 되고 조상이 병권을 장악하였으나, 사마의가 음모를 꾸며 그의 병권을 회수하고자 자신은 늙고 중병이 들었다함. 이를 믿은 조상이 조방과 사냥을 나간 사이 병변을 일으켜 조상을 죽이고 병권을 탈취함. 《漢晉春秋》 後主 참조.

【巾幗】 목욕하고 나서 몸의 물기를 닦는 수건. 혹은 목도리라고도 하며 부인이나 나약한 아녀자를 대신하여 쓰는 말.

【請命】 원래 고의로 윗사람의 명령임을 가장하여 아랫사람을 지도하는 것. 여기서는 삼국시대 촉(제갈량)과 위(사마중달)가 오장원(五丈原)에 대치하고 있을 때 사마의가 촉의 군대에 식량이 부족한 것을 알고서, 지구전을 펴기로 작전을 세우고 성의 수비를 단단히 하였다. 그러자 제갈량은 속전속결을 위해

부녀자의 장식물(巾幗)을 사마중달에게 보냈다. 이는 아녀자들처럼 겁이 많은 놈들이라고 자극하여 어서 접전을 하자는 뜻이었다. 이를 본 위의 장병들은 몹시 화를 내면서 나가서 싸울 것을 재촉하였다. 이에 사마중달은 그들의 요구가 너무 심하자 왕에게 사자를 보내 대신 진정시켜 줄 것을 요청하여 지구전 끝에 촉의 군사가 식량 때문에 피폐해지도록 하였다. 《十八史略》(3)에 "亮還勸農講武, 作木牛流馬, 治邸閣, 息民休士. 三年而後用之, 悉衆十萬, 又由斜谷口伐魏, 進軍渭南. 魏大將軍司馬懿, 引兵拒守. 亮以前者數出, 皆運糧不繼, 使己志不伸, 乃分兵屯田. 耕者雜於渭濱居民之間, 而百姓安堵, 軍無私焉. 亮數挑懿戰, 懿不出, 乃遺以巾幗婦人之服"이라 함.

【姜維】 202~264. 제갈량이 죽은 후 병권을 물려받아 수차에 걸쳐 북벌원정으로 위를 쳤으며, 그때마다 지나치게 자신의 역량을 과시한 나머지 많은 손실을 입음. 《三國志》 蜀志(14)에 전이 있음.

【兵書】 《孫子》 형편(形篇)에 "古之所謂善戰者勝, 勝易勝者也. 故善戰者之勝也, 無智名, 無勇功. 故其戰勝不忒. 不忒者, 其所措必勝, 勝已敗者也. 故善戰者, 立於不敗之地, 而不失敵之敗也. 是故勝兵先勝而後求戰, 敗兵先戰而後求勝. 善用兵者, 修道而保法, 故能爲勝敗之政"이라 함.

【狄靑】 1008~1057. 북송의 장수로 시호는 무양(武襄). 범중엄(范仲淹)에게 발탁되어 서하(西夏)와의 전공에 공을 세움. 뒤에 남쪽의 귀주, 월남 근처의 농지고(儂智高) 토벌에 나서 이를 격파함. 《宋史》 狄靑傳 참조. 《十八史略》(6)에 "廣源州儂智高寇廣州, 連歲陷諸州, 自邕至廣西, 皆被其害. 命樞副狄靑, 討平之, 還爲樞密使"라 함. 한편 그의 投錢 고사는 《宋人軼事匯編》(7)에 인용된 〈鐵圍山叢談〉에 실려 있음.

【儂智高】 원래는 인명. 지금의 廣西·貴州·越南 근처에 살던 남만족(南蠻族). 儂氏가 唐나라 초기 세력을 펼쳐 그곳의 首領을 세습하다가 唐末 猶州의 儂全福이 交趾人에게 살해되자 그 처가 개가하여 智高를 낳음. 교지인이 그에게 廣原州를 통치하도록 파견하자, 그는 그곳에서 군사를 일으켜 安德州를 탈환하고 옹주(邕州)를 중심으로 남천국(南天國)을 세웠다가 적청에게 패하여 大理에서 죽음. 《宋史紀事本末》 儂智高 참조.

【邕州】 지금의 광서(廣西) 남녕(南寧) 부근.

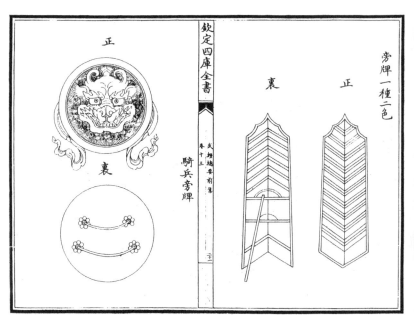

《武經總要》에 실려 있는 고대 각종 전투 장비

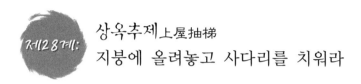

제28계: 상옥추제上屋抽梯
지붕에 올려놓고 사다리를 치워라

고의로 이쪽을 노출시켜 적을 깊이 유인한 후 절연히 그 머리와 후원 부대를 차단하라. 그 다음 완전히 포위하여 사지死地에 몰아 넣어라. 그러나 지나치게 욕심을 내거나 남용하다가는 도리어 해를 입을 수도 있으니 조심하라.

假之以便, 唆之使前, 斷其援應, 陷之死地. 遇毒, 位不當也.

按語 교사教唆라는 것은 이利로써 유혹하여 부리는 것이다.

그러나 만약 이利로만 유혹하고 편하게 해주지 못하면 오히려 머뭇거리며 들어주지 않게 된다. 그러므로 지붕에 올려놓고 사다리를 치워 버리는 계략을 쓰고자 한다면, 모름지기 사다리를 잘 설치하거나 올라가기 편한 사다리까지 제공하겠다는 점을 보여 주어야 한다.

이를테면 진나라 때 모용수慕容垂와 요장姚萇 등 여러 사람이 전진前秦의 부견苻堅을 종용하여 진晉나라를 침공하도록 하고는, 그 기회를 틈타 자신이 일어선 것이 그 예이다.(《晉書》 苻堅傳)

按: 唆者, 利使之也. 利使之而不爲之便, 或擾且不行. 故抽梯之局, 須先置梯, 或示之以梯.

如慕容垂·姚萇諸人慫秦苻堅侵晉, 以乘機自起.(《晉書》 苻堅傳)

【上屋抽梯】 사람을 지붕에 올라가게 한 후, 그 사다리를 제거하여 궁지에 몰아넣는 전술이다. 《손자》 구지(九地)편에 "마치 높은 곳에 올려놓고 그 사다리를 치워 버리듯 하라"(如登高而去其梯) 한 것과 같다.

【死地】《손자》九地篇에 "無所往者, 死地也"라 함.

【遇毒 位不當】《주역》 서합(噬嗑)괘. 서합이란 '입 안에 물건을 물고 있다'는 뜻(象曰: 頤中有物曰噬嗑)으로 제63효에 "너무 말린 고기를 깨물다가 중독된다. 정당한 지위에 있지 않기 때문이다. 반발에 부딪히나 한때 허물은 없으리라"(六三噬腊肉, 遇毒, 小吝, 无咎, 象曰: 遇者, 位不當)라 하였는데, 위부당(位不當)이란 제3효는 원래 양효(陽爻)의 자리이나 음효가 차지하고 있을 때를 말한다. 《誠齋易傳》에는 "若腊之堅而難噬也, 喫之則遇毒而傷齒矣. ……此弱於齒而喫夫堅者也. 能不遇毒乎? 故曰位不當也"라 함.

【慕容垂】 五胡十六國의 하나인 後燕을 세운 인물로 鮮卑族이었음. 384~407년까지 재위하였음.《十八史略》(4)에 "秦遣兵分道寇晉陷諸郡, 執襄陽刺史朱序以歸, 已而議大擧. 或謂:「晉有長江之險.」堅曰:「以吾之衆, 投鞭於江, 可斷其流.」

時中外皆諫, 惟慕容垂·姚萇, 欲乘其釁, 勸之南伐. 堅遂發長安戎卒六十餘萬, 騎二十七萬”라 하였다.

【姚萇】 五胡十六國의 하나인 後秦(384~417)을 세운 인물. 부견을 부추겨 晉나라를 치도록 하여, 부견이 淝水之戰에서 패하자 태자 符宏을 살해하고 나라를 빼앗아 국호를 後秦으로 고침. 羌族이었음. 384~393년까지 재위하였음.《十八史略》(4)에 “姚萇叛秦, 起於北地, 自稱秦王, 是爲後秦.……後秦姚萇, 先是已入長安稱帝. 符登引兵數與後秦戰, 互有勝負.……後秦主姚萇卒, 子興立, 擊登殺之”라 함.

【符堅】 자는 永固(338~385). 혹은 文玉. 晉나라 때 五胡 중에 제일 강하였던 前秦의 군주. 符健이 秦을 세우고 아들 符生에게 물려주자 부견이 부생을 죽이고 자립함. 이어 차례로 前燕과 前凉·代 등을 취하여 강해지자 晉나라를 공략하여 淝水에서 謝玄 등과 결전을 벌여 대패함. 이에 鮮卑·羌 등이 이반하여 국세가 약해졌으며, 결국 姚萇(羌族)이 그와 태자 符宏을 살해하고 後秦을 세움.《晉書》(113)에 전이 있음.《十八史略》(4)에 秦符堅弑其君生, 自立爲秦天王. 有薦王猛於堅者, 一見如舊, 自謂:「如玄德之於孔明.」一歲中五遷官, 擧異才修廢職, 課農桑, 恤困窮. 秦民大悅.……秦丞相王猛卒, 秦主堅哭之曰:「天不欲使吾平一六合邪? 何奪吾景略之速也?」猛臨終謂堅曰:「晉雖僻處江南, 然正朔相承, 上下安和. 臣沒 之後, 願勿以晉爲圖. 鮮卑·西羌, 我之仇敵, 終爲人患, 宜漸除之, 以安社稷.」 ……慕容沖反秦, 起兵平陽, 稱帝, 是爲西燕. 攻長安, 秦主符堅出奔. 後秦主萇 執而弑之.“라 하였다.

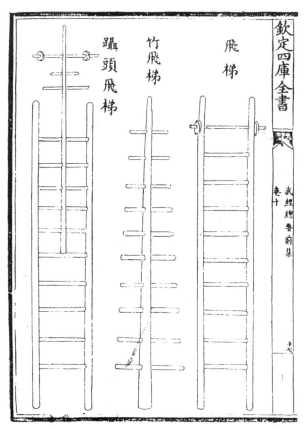

《武經總要》에 실려 있는 고대 각종 전투 장비

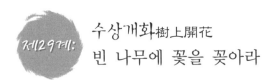

제29계: 수상개화樹上開花
빈 나무에 꽃을 꽂아라

다른 군대의 우세함을 오히려 자기에게 유리한 국면으로 조성할 줄 알아야 한다. 비록 병력이 크지 않지만 오히려 큰 위력을 발휘할 수 있다.

기러기들이 공중높이 열진列陳하여 가는 것을 보라. 모두가 작지만 수없이 많은 깃털의 힘으로 질서를 지켜 의범儀範이 되고 있다.

借局布勢, 力小勢大. 鴻漸于陸, 其羽可用爲儀也.

按語 　이 때의 나무는 본래 꽃이 피지 않는 나무이다. 그러나 꽃이 피도록 해야 한다. 오색찬란한 비단이나 색종이로 꽃을 만들어 나뭇가지에 붙여, 어리석은 사람들로 하여금 가짜인지를 구분하지 못하도록 하여, 예쁜 가화假花가 나뭇가지와 아주 잘 배합되어 아름다운 광채를 내도록 하여 영롱함이 전체를 덮도록 한다.

이는 정예부대를 우군友軍의 진지에 포진시켜 그 기세를 드높여 적에게 위용을 보이는 책략이다.

按: 此樹本無花, 而樹則可以有花. 剪彩粘之, 不細察者不易覺. 使花與樹交相輝映, 而成玲瓏全局也. 此蓋布精兵於友軍之陣, 完其勢以威敵也.

【樹上開花】 꽃 없는 나무를 화려하게 가장하여 적에게 위장함. 위용을 들어내 보이는 전술이다. '철수개화'(鐵樹開花)라는 말이 변한 것이다.

【鴻漸于陸】《주역》 점(漸) 괘. "순서를 따라 점진하여 그 위치를 확보하여 나아가 공을 세움"(漸之進也. 進得位, 往有功也)을 말하며, 그 상구(上九)에 "기러기가 넓은 하늘을 날아간다. 그 깃털은 의범이 될 만하다. 길하다"(上九, 鴻漸于陸, 其羽可用爲儀)라 하였다.《周易姚氏學》에는 "虞翻曰: 鴻, 大雁也. 漸, 進也. 儀, 儀表"라 하였고,《學易記》에는 "飛翔雲路, 無所窒碍. 而羽毛整潔, 可用爲儀"라 하였다.

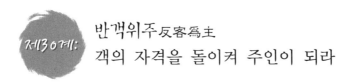

제30계:

반객위주反客爲主
객의 자격을 돌이켜 주인이 되라

빈틈을 이용하여 잽싸게 발을 끼워 넣어라. 그리하여 그 대권을
공제控制하되 그 순서를 잘 살펴 계속 나아가라.

乘隙揷足, 扼其主機, 漸之進也.

　남에게 지배를 받는 자가 곧 노예이며 남의 존귀함을 받는 자가 곧 빈객이다. 정착하지 못한 자는 잠객暫客이며 능히 설 곳을 확보한 자는 구객久客이고 객으로 오래 머물면서 아무 일도 못하는 자는 천객賤客이다.

오래 머물면서 능히 일을 주관할 수 있으면 점차 그 중요한 요체들을 장악하게 되어 마침내 주인이 되는 것이다.

그러므로 반객위주反客爲主의 국면에서 제1보는 모름지기 객의 정권 투쟁이고, 제2보는 틈을 최대한 이용하는 것이며, 제3보는 그 틈에 발을 끼워 넣는 것이며, 제4보는 정권을 장악하는 것이고, 제5보는 주인이 되는 것이다.

주인이 되면 병권도 아울러 장악해야 한다. 이것이 점진적인 진격법이다.

이를테면 수隋나라 말 이연李淵이 편지로 이밀李密을 존중하는 듯이 하였으나 이를 믿은 이밀은 그만 패하고 말았다.(《隋書》李密傳)

그리고 한漢 고조高祖 유방劉邦은 자신의 세력이 항우項羽에게 맞설 수 있기 전까지는 스스로를 낮추어 항우를 섬겨 그로부터 우선 믿음을 사 두었다. 그리고 점차 그 세력을 잠식하여 들어갔다가 해하垓下의 결전에서 단번에 항우를 멸망시키고 말았다.(《史記》漢高祖本紀)

按: 爲人驅使者爲奴, 爲人尊處者爲客; 不能立足者爲暫客, 能立足者爲久客; 客久而不能主事者爲賤客, 能主事則可漸握機要, 而爲主矣. 故反客爲主之局, 第一步須爭客位, 第二步須乘隙, 第三步須揷足, 第四步須握機, 第五步乃成爲主. 爲主, 則幷人之軍矣. 此漸進之陰謀也.

如李淵書尊李密, 密卒以敗.(《隋書》李密傳)

漢高祖勢未敵項羽之先, 卑事項羽, 使其見信, 而漸以侵其勢. 至垓下一役, 一擧亡之.(《史記》漢高祖本紀)

【反客爲主】기회를 포착하여 다른 군대를 겸병함을 말한다. '객의 지위를 반전시켜
주인이 되다'의 뜻. 《李衛公問對》에 "臣較量主客之勢, 則有變客爲主, 變主爲客
之術"이라 하였으며, 《十一家注孫子》에는 "張預曰: 我先擧兵, 則我爲客, 彼爲主;
爲客則食不足, 爲主則飽有餘. 若奪其蓄積, 掠其田野, 因糧於彼, 餽穀於敵; 則我
反飽, 彼反飢矣. 則是變客爲主也"라 함.

【主機】대권을 내가 장악함.

【漸之進】《주역》점(漸)괘. 제29계 참조.

【主事】일을 내가 맡아 주관함. 《孟子》萬章(上)에 "使之主祭, 而百神享之, 是天受
之; 使之主事, 而事治, 百姓安之, 是民受之也"라 함.

【握機】기틀을 장악함.

【李淵】唐나라를 세운 인물. 高祖. 618~626 재위. 수나라 말에 태원(太原)
유수(留守) 당국공(唐國公)에 봉해졌으며, 아들 이세민(李世民)의 책동으로 반기
를 들고 장안(長安)으로 진입하였다. 그는 멀리 강도(江都)를 순수 중이던 양제
(煬帝)를 제쳐두고, 공제(恭帝)를 세워 정권을 잡고 대신 양제는 태상황(太上皇)
으로 삼아 명의상 존재를 인정하였다. 그런데 각지의 봉기군들이 이연에게
항복하여 모여들자, 이연은 부세와 요역을 감면하여 민심을 수습하고 있었다.
그런데 양제가 여전히 황음한 생활에서 벗어나지 못하자, 대신 우문화급(宇文
化及)이 정변을 일으켜 그만 그를 목졸라 죽이고 말았다. 이연은 이 소식을
듣자 공제를 협박하여 제위를 선양받아 당(唐)을 세웠으며, 이로써 수(隋)나라의
사직은 종언을 고하게 된다.(618) 《十八史略》(4)에 "唐公李淵, 起兵太原, 克諸
郡入長安. 時隋大業十二年, 帝在江都, 淵遙尊爲太上皇, 而立代王, 是爲恭皇帝"라
하였으며, 《十八史略》(5)에는 "唐高祖神堯皇帝: 姓李氏, 名淵, 隴西成紀人也. 涼武
昭王暠之後, 祖虎仕西魏有功, 封隴西公, 父昞於周世封唐公, 淵襲爵. 隋煬帝以
淵爲弘化守, 御衆寬簡, 人多附之. 煬帝以淵相表奇異, 名應圖讖忌之. 淵懼, 縱酒
納賂以自晦. 天下盜起, 以淵爲山西河東撫慰大使, 承制黜陟, 討捕羣盜多捷. 突厥
寇邊, 詔淵擊之. ……淵次子世民, 聰明勇決, 識量過人. 見隋室方亂, 陰有安天下
之志, 與晉陽宮監裴寂, 晉陽令劉文靜相結. 文靜謂世民曰: 「今主上南巡, 羣盜

萬數, 當此之際, 有眞主, 驅駕而用之, 取天下如反掌耳. 太原百姓, 收拾可得十萬人,
尊公所將兵復數萬. 以此乘虛入關, 號令天下, 不過半年帝業成矣.」世民笑曰:
「君言正合我意.」乃陰部署, 而淵不知也. 會淵兵拒突闕不利, 恐獲罪. 世民乘間
說淵:「順民心, 興義兵, 轉禍爲福.」淵大驚曰:「汝安得爲此言? 吾今執汝告縣官.」
世民徐曰:「世民覩天時人事如此, 故敢發言. 必執告, 不敢辭死.」淵曰:「吾豈
忍告, 汝愼勿出口.」……明日復說曰:「人皆傳, 李氏當應圖讖. 故李金才無故族滅,
大人能盡賊, 則功高不賞, 身益危矣. 惟昨日之言, 可以救禍, 此萬全策, 願勿疑.」
淵歎曰:「吾一夕思汝言, 亦大有理, 今日破家亡身亦由汝, 化家爲國亦由汝矣.」
……世民引兵擊西河拔之, 斬郡丞高德儒, 數之曰:「汝指野鳥爲鸞, 以欺人主,
吾興義兵, 正爲誅佞人耳.」進兵取霍邑, 克臨汾絳郡, 下韓城降馮翊. 淵留兵圍
河東, 自引兵西. 遣世子建成守潼關, 世民徇渭北, 關中羣盜悉降於淵, 合諸軍圍
長安克之. 立恭帝, 淵爲大丞相唐王, 加九錫, 尋受禪. 立子建成爲皇太子, 世民爲
秦王, 元吉爲齊王"라 하였다.

【李密】 수나라 말기 천하가 혼란스러울 때 남방으로 피신하자, 그가 왕이 된다는
謠言이 있어 李淵이 이를 이용한 것임. 그는 魏나라를 세워 隋 大業 13年(617)에
참칭한 이래 뒤에 唐에게 항복하였다가 다시 반란하였으며, 다시 2년 만에
당에게 망하였음.《十八史略》(4)에 "蒲山公李密兵起, 密少有才略, 志氣雄遠, 輕財
好士. 嘗乘黃牛, 以漢書掛牛角讀之, 楚公楊素遇而奇之, 由是與素子玄感游. 初從
玄感起兵, 玄感敗, 密變姓名亡匿. 時人皆云:「楊氏將滅, 李氏將興.」又有民謠,
歌曰:「桃李子, 皇后走揚州, 宛轉花園裏. 勿浪語, 誰道許.」謂桃李子者, 逃亡李氏
子也; 莫浪語誰道許者, 密也. 密遂與羣盜翟讓等起, 攻滎陽下之, 建牙統所部
西行, 說下諸城大獲. ……李密據興洛倉, 略取河南諸郡, 稱魏公. ……魏公李密,
與隋兵戰, 大敗降於唐"이라 함.

【劉邦·項羽】 秦나라 말기 천하대란 때 항우와 유방의 싸움. 楚漢戰을 가리킴.
처음 유방은 항우에 비하여 열세였으므로 그에게 겸손히 하여 세력을 키운
다음, 결국 垓下에서 마지막 결전에 이겨 천하를 차지하고 漢帝國을 세움.
《史記》高祖本紀 및 項羽本紀를 참조할 것.

【垓下】항우가 최후를 마친 곳. 지금의 安徽省 靈壁縣.《十八史略》(2)에 "五年, 王追羽至固陵. 韓信·彭越期不至. 張良勸王:「以楚地梁地許兩人.」王從之, 皆引兵來, 黥布亦會. 羽至垓下, 兵少食盡. 信等乘之, 羽敗入壁, 圍之數重. 羽夜聞漢軍四面皆楚歌, 大驚曰:「漢皆已得楚乎? 何楚人多也?」起飲帳中, 命虞美人起舞, 悲歌慷慨, 泣數行下. 其歌曰:『力拔山兮氣蓋世, 時不利兮騅不逝, 騅不逝兮可奈何! 虞兮虞兮奈若何?』騅者羽平日所乘駿馬也. 左右皆泣, 莫敢仰視. 羽乃夜從八百餘騎, 潰圍南出, 渡淮迷失道, 陷大澤中. 漢追及之, 至東城, 乃有二十八騎. 羽謂其騎曰:「吾起兵八歲, 七十餘戰, 未嘗敗也. 今卒困此, 此天亡我, 非戰之罪. 今日固決死, 願爲諸君決戰, 必潰圍斬將, 令諸君知之.」皆如其言. 於是欲東渡烏江, 亭長艤船待, 曰:「江東雖小, 亦足以王. 願急渡.」羽曰:「籍與江東子弟八千人, 渡江面西, 今無一人還. 縱江東父兄, 憐而王我, 我何面目復見, 獨不愧於心乎?」乃刎而死"
라 함.

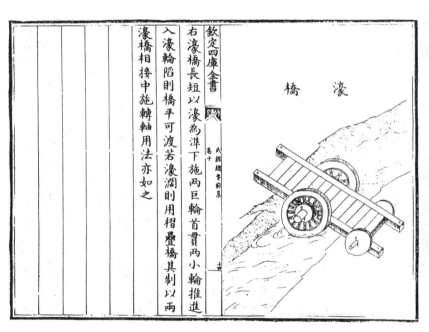

濠橋相接中施轉軸用法亦如之
入濠輪陷則橋平可渡若濠濶則用摺疊橋其制以兩
右濠橋長短以濠爲準下施兩巨輪首貫兩小輪推進

欽定四庫全書

武經總要前集

卷十

濠　橋

《武經總要》에 실려 있는 고대 각종 전투 장비

삼십륙계

제6부
패전계敗戰計

이는 완전히 패배했을 때의 전술이다. 최악의 궁지에 몰렸을 때, 혹은 실패할 수밖에 없을 때 살아날 수 있는 모략과 계책이다. 살아남기 위해서는 그 어떤 처절한 방법이나 비굴한 행동, 혹은 비인간적인 책략일지라도 시행할 수밖에 없음을 말한다. 특히 앞의 5부 30계와는 달리 사자성어가 아니라 두 글자에 계計 자를 붙이거나 아예 마지막을 '주위상走爲上'이라 제목을 정한 것이 특이하며 실제 많은 기록에는 '주위상책走爲上策'이나 세 글자씩 맞추느라 이렇게 정한 것이 아닌가 한다.

미인계美人計·공성계空城計·반간계反間計·고육계苦肉計·연환계連環計·주위상走爲上 등 여섯 가지 계략을 내세우고 있다.

張良

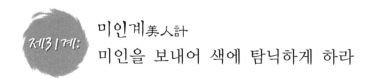

제31계: 미인계美人計
미인을 보내어 색에 탐닉하게 하라

西施

　적의 강한 군대에게는 그 장수를 없앨 계략을 세우고 적의 장수가 지모智謀가 있거든 먼저 그의 전투의지를 꺾어라. 장수가 약해지고 병사들이 퇴락하면 그들의 전투의지는 완전히 위축되고 만다.

　그러므로 가능한 모든 방법을 이용하여 적장에게 침투시켜 전세를 뒤집고 우리의 실력은 보존시키면 상대적으로 승리의 입장에 서게 된다.

　兵强者, 攻其將; 將智者, 伐其情. 裝弱兵頹, 其勢自萎.
利用御寇, 順相保也.

按語 　　적군이 강대하고 그 장수가 대단히 지모가 있을 때는 직접 대적해서는 안 된다. 그 형세로 보아 오히려 잠시 섬겨야 한다. 섬길 때는 토지로 하여 그 세력을 더욱 키워 주는 경우가 있으니, 마치 전국시대 제齊·초楚·연燕·한韓·위魏·조趙나라가 진秦나라를 섬긴 것이 그 예이다. 그러나 이는 실제로 최하급의 병법이다.

　그 외에 포백布帛을 주어 섬겨 상대를 더욱 부유하게 하는 경우가 있으니, 이를테면 송宋나라가 요遼·금金에게 행한 정책과 같다. 이 또한 하급의 대처 방법이다.

　오직 미인美人을 보내어 섬기는 방법이 있으니, 이렇게 되면 상대의 투지가 안일해지고 그 체질도 쇠약해지며 그 부하들의 원망을 불러 일으키는 계기가 된다. 이는 곧 월왕 구천勾踐이 오왕 부차夫差를 섬긴 방법이니, 이것이 곧 실패를 뒤집어 승리로 이끌 수 있는 최선의 방법이다.(《左傳》 哀公 十一年)

　按: 兵强將智, 不可以敵, 勢必事之. 事之以土地, 以增其勢, 如六國之事秦, 策之最下者也; 事之以布帛, 以增其富, 如宋之事遼金, 策之下者也; 惟事之以美人, 以佚其志, 以弱其體, 以增其下之怨, 如勾踐之事夫差, 乃可轉敗爲勝.(《左傳》 哀公 十一年)

【美人計】 미녀를 적지에 보내어 상대로 하여금 일락(逸樂)으로 전의를 잃게 하여 무너뜨리는 전략이다. 《兵法圓機》에 "男秉剛, 女秉柔. 古之大將, 間有借女柔者. 文用, 以愚敵玩寇; 武用, 則作戰驅車·濟艱解危. 運機應變, 皆有利害. 男不足, 女有行"이라 하고, 按語에 "魏無忌用如姬, 竊符以破秦軍; 越獻若耶溪女子, 姑蘇接而吳沼; 陳曲逆夜出女子二千而解滎陽之厄, 圖美女厚遺閼氏乃出平城之圍; 劉敬用長公主敵冒頓, 敵人數世不爲邊患; 漢以楚王習事, 女使馮嫽錦車持節而諸國敬服; 柴紹使二姬討舞玩谷渾而襲其後. 此所謂文用者"라 하였다.

【利用御寇】대적하지 못할 정도로 자신이 약하면 우선 시간을 끌며 이쪽의 실력을 보존시키고, 안전하다고 판단된 후 실력을 키워 승리의 기틀을 다짐. 주역 점(漸)괘 九三에 마음의 도적을 잘 방어하여 서로 무리끼리 보호함이 좋다.(利用御寇, 順相保也)라 함. 《周易集解》에는 "虞飜曰: 御, 當也. 坤爲用, 巽爲高, 艮爲山, 離爲戈兵甲冑, 坎爲震寇. 自上御下, 三動坤順, 坎象不見, 故用御寇, 順相保, 保, 大也"라 함.

【六國事秦】전국시대 힘이 약한 여섯 나라(齊·楚·燕·韓·魏·趙)가 어쩔 수 없이 땅을 떼어 주면서까지 秦나라를 섬김. 뒤에 모두 멸망하여 진나라가 결국 천하통일을 이룸.

【宋之事遼金】북송은 요(遼)를, 남송은 금(金)에게 견딜 수 없어 굴복한 일로, 북송 眞宗 때(1004) 요와 강화조건으로 매년 은 10만 냥, 견(絹) 20만 필을, 다시 仁宗(1042) 때는 앞서의 조건에 은 10만 냥, 비단 10만 필을 덧보태어 요에게 바치기로 하였으며, 남송 高宗 紹興 11년(1141)에 금(金)과 강화할 때는 은 25만 냥, 비단 20만 필로, 영종(寧宗) 嘉定 원년(1208)에는 다시금 은 30만 냥, 비단 30만 필을 금나라에게 바치기로 하였음. 《宋史》·《金史》·《遼史》를 볼 것.

【勾踐之事夫差】월왕 구천이 오왕 부차를 섬긴 일. 구천이 패하여 會稽山으로 몰렸을 때, 스스로 그 신하가 되며 부인은 구천의 첩이 되겠다고 하여 살아나, 西施를 바쳐 오왕의 투지를 꺾은 다음 결국 다시 복수를 한 일을 말함. 제10계 '笑裡藏刀'의 주를 볼 것.

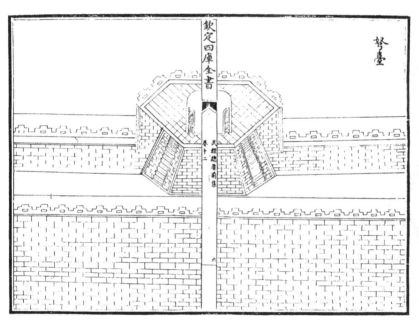

《武經總要》에 실려 있는 고대 각종 전투 시설

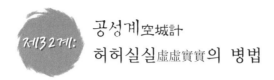

제32계: 공성계空城計
허허실실虛虛實實의 병법

〈空城計〉

　방위준비가 안 되어 있거든 차라리 성을 비워서 적으로 하여금 의심을 사게 한다. 적은 많고 아군이 적은 긴급할 때에는 이런 계략을 쓰면 곧 기묘奇妙한 결과가 나타날 수 있다.

　虛者虛之, 疑中生疑; 剛柔之際, 奇而復奇.

按語 　허허실실虛虛實實의 용법은 고정된 것은 아니다. 빈 것은 아주 빈 것으로 보여 주는 이런 계략은 제갈량諸葛亮 이후에 적지 않은 병법가들이 사용하였다.

　이를테면 토번吐蕃이 과주瓜州를 함락하고 장수 왕군환王君煥을 살해하자, 하서河西의 백성들은 두려움에 떨었다. 이 때 장수규張守珪가 이곳 과주자사로 부임하여 백성들로 하여금 성을 다시 쌓도록 하였다. 일을 모두 마치자 토번이 다시 쳐들어왔다. 성 안에는 싸울 무기조차 없는 열세로 백성들은 겁에 질려 서로 쳐다볼 뿐 전의마저 상실되어 있었다. 이에 장수규가 "적은 많고 우리는 수가 적다. 게다가 전화로 입은 상처마저 아직 아물지 않았다. 화살과 돌로는 더 싸울 상태가 못 되니 마땅히 계략을 써서 적을 물리치리라" 하고는 곧 성 안에 주연을 설치하고 악대를 불러 음악까지 연주하게 하면서 장병들을 모아 실컷 먹고 마시도록 하였다. 이렇게 하자 토번 사람들이 성에 이르러 복병을 둔 줄 알고 의심을 품은 채 철수하고 말았다.(《新唐書》 張守珪傳)

　또 북제北齊 때 조정祖珽이 북서주北徐州자사로 있을 때(573) 임지에 이르자, 마침 남진南陳이 대거 침입하여 그 곳 백성들조차 반란의 기미를 보이고 있었다. 조정은 이에 명령을 내려 성문을 모두 열어 놓은 채 병사들로 하여금 거리에 나서 방비를 서두르되 사람의 통행을 모조리 막아 버렸다. 이 때문에 성 전체가 고요한 정적에 묻혀 개나 닭소리조차 없었다. 남진의 군대는 전혀 아무런 정보를 얻지 못하자, 아주 빈 성인 줄로만 여기고 입성하였다. 이에 조정은 큰소리를 치며 북을 울리게 하여 그 소리가 하늘에 이르는 듯하였다. 적은 크게 놀라 즉시 도망가고 말았다.(《北齊書》 祖珽傳)

按: 虛虛實實, 兵無常勢. 虛而示虛, 諸葛而後, 不乏其人.

如吐蕃陷瓜州, 王君煥死, 河西洶懼. 以張守珪爲瓜州刺史. 領餘衆, 方復築州城. 板干纔立, 敵又暴至, 略無守禦之具, 城中相顧失色, 莫有鬪志. 守珪曰:「彼重我寡, 又瘡痍之後, 不可以矢石相持, 須以權道制之.」乃於城上置酒作樂, 以會將士. 敵疑城中有備, 不敢攻而退.(《新唐書》張守珪傳)

又如齊祖珽爲北徐州刺史, 至州, 會有陳寇, 百姓多反. 珽不關城門, 守陴者皆令下城, 靜坐街巷, 禁斷行人. 鷄犬不亂鳴吠. 賊無所見聞, 不測所以. 疑惑人走城空, 不設警備. 珽復令大叫, 鼓噪聒天. 賊大驚, 登時走散.
(《北齊書》祖珽傳)

【空城計】 불리한 조건일 때 아예 지키던 성을 모두 비워 적으로 하여금 의심을 품게 하는 전략이다. 《兵法圓機》에 "敵之謀計利, 而我能空之, 則彼智失可擒. 虛幕空其襲, 虛地空其伐, 虛發空其力, 虛誘空其物. 或用虛以空之, 或用實以空之. 虛不能實, 詭幻不赴功; 實不能虛, 就事寡奇變, 運行於無有之地, 轉掉於不形之初. 杳杳冥冥, 故本智而無着其慮, 敵未謀而無所生其心. 洵空虛之變化, 神也!"라 함.
【剛柔之際】 《주역》 해(解)괘 初六에 "강과 유가 함께 있으니 의(義)로 하면 허물이 없으리라"(剛柔之際, 義无咎也)라 함.
【兵無常勢】 《손자》 허실(虛實)편에 "물은 땅에 의해 흐름이 결정되고 병법은 적에 의해 승리가 결정난다. 그러므로 병법이란 고정된 법칙이 있는 게 아니다" (水因地而制流, 兵因敵而制勝, 故兵無常勢, 水無常形)라 함.
【吐蕃】 당나라 때 지금의 新疆위구르 지역에서 발흥한 민족.
【瓜州】 지금의 甘肅省 安西縣.
【王君煥】 당나라 때의 인물로 자는 위명(威名). 《신당서(新唐書)》 왕군환전 참조.
【河西】 당대의 방진(方鎭), 지금의 감숙성 武威縣.

【張守珪】 당나라 때의 장수.《신당서》장수규전 참조. 唐 玄宗 때(727) 토번이 과주로 쳐들어오자 이를 맞아 싸우다가 전사함. 특히 안록산이 반란할 것이므로 이를 미리 대비할 것을 주청하기도 하였음.《通鑑》에 의하면 張守珪가 안록산으로 하여금 奚部와 契丹의 반란자를 토벌하도록 하였다. 안록산이 자신의 용맹을 믿고 가볍게 쳐들어갔다가 그들에게 패배하자, 장수규가 안록산을 참수하도록 주청하였음. 한편《十八史略》(5)에는 "幽州節度使張守珪, 執敗軍將安祿山送京師, 張九齡批曰:「守珪軍令若行, 祿山不宜免死.」上惜其才勇赦之, 九齡力爭曰:「祿山有反相, 不誅必爲後患.」上曰:「卿勿以王夷甫識石勒, 枉害忠良.」竟不誅. 祿山本營州雜胡也. 初名阿犖山, 母再適安氏, 故冒其姓. 部落破散逃來, 狡黠爲守珪所愛. 又有史窣于者, 與祿山同里閈, 亦驍勇守珪遣入奏事, 上賜名思明"라 함.

【祖珽】 北齊의 범양(范陽) 사람으로 자는 효정(孝征).《북제서(北齊書)》조정전 참조.

【北徐州】 지금의 安徽省 鳳陽縣 근처.

【陳寇】 陳은 남조의 陳나라(557∼589년). 陳覇先이 梁나라를 이어 남경을 도읍으로 하였으며, 뒤에 隋나라 楊堅에게 망함.

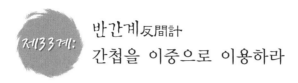

제33계: 반간계反間計
간첩을 이중으로 이용하라

의심 속에 더욱 의심을 품도록 하여 틈을 타서 적군 속에 교묘히
내응內應하도록 만들라. 그리고 스스로는 그 안을 잘 보필하여
스스로 무너짐이 없게 해야 한다.

疑中之疑, 比之自內, 不自失也.

按語 이간離間이란 적을 스스로 서로 의심하도록 만드는 것이다. 반간反間이란 적을 이용하여 우리의 음모를 이간시키는 것을 다시 상대편에게 이용하는 것이다.

전국시대 연燕나라 소왕昭王이 죽었다. 혜왕惠王은 자신이 태자로 있을 때 악의樂毅를 몹시 미워하였다. 이때 제齊나라 전단田單은 반간을 써서 "악의와 연 혜왕은 서로 몹시 불편한 사이이다. 악의는 주살誅殺이 두려워 군대를 이끌고 제왕에게 투항하려 한다. 그렇지만 제나라에서 받아주지 않자, 고의로 즉묵卽墨의 공격을 서두르지 않고 기회만 엿보고 있다. 그런데 제나라 사람들은 지금 연 혜왕이 악의를 갈아치우고 즉묵을 즉시 공격해 올까봐 제일 두려워하고 있다"라 말을 퍼뜨렸다. 연 혜왕이 이 말을 듣자 즉시 악의를 파면하고 기겁騎劫을 대장으로 삼아 버렸다. 악의는 할 수 없이 조趙나라로 도망가고 말았다.(《東周列國志》第九十五回)

또한 삼국시대 오吳나라 장수인 주유周瑜는 조조가 파견한 간첩을 재이용하여 위魏나라를 이간시켰으니 이것이 의심을 역이용한 반간의 좋은 예이며, 진평陳平이 초나라 군사에게 황금을 풀어 반간계를 써서 범증范曾과 초왕楚王 항우項羽를 이간시켰으며, 결국 그를 내쫓게 하였으니 이 역시 의심 속의 의심을 불러일으키게 한 것이다.

按: 間者, 使敵自相疑也; 反間者, 因敵之間而間之也.

如燕昭王薨, 惠王自爲太子時, 不快於樂毅. 田單乃縱反間曰:「樂毅與燕王有隙, 畏誅, 欲連兵王齊. 齊人未附, 故且緩攻卽墨, 以待其事. 齊人惟恐他將來, 卽墨殘矣!」惠王聞之, 卽使騎劫代將. 毅遂奔趙.(《東周列國志》第九十五回)

又如周瑜利用曹操間諜, 以間其將. 陳平以金縱反間於楚軍, 間范增, 楚王疑而去之, 亦疑中之疑之局也.

【反間計】 적의 간첩을 교묘히 이용하여 도리어 우리 쪽의 책략에 걸려들게 하는 것. 《孫子》用間篇에 "用間有五: 有因間, 有內間, 有反間, 有死間, 有生間. 五間俱起, 莫知其道, 是謂神紀, 人君之寶也. 因間者, 因其鄕人而用之. 內間者, 因其官人而用之. 反間者, 因其敵間而用之. 死間者, 爲誑事於外, 令吾間知之, 而傳於敵. 生間者, 反報也"라 하였다. 그리고 《長短經》에 "陳平以金縱反間於楚軍, 間范增, 楚王疑之. 此用反間者也"라 하였으며 《兵法圓機》에는 "間者, 怯敵心腹, 殺敵愛將, 而敵亂計謀者也. 其法則有生有死, 有書有文, 有晝有謠, 用歌用賂, 用物用爵, 用敵用鄕, 用友用女, 用恩用威"라 하고 按語에 "李愬陰厚淮諜, 武穆冒認張斌, 靖難厚賚獲卒, 使之反報, 敵間也"라 하였다.

【比之自內, 不自失也】 《주역》 비(比)괘. "비는 서로 친애하고 돕는 것을 의미한다"(比輔也, 下順從也)라 하였으며 六二에 "그 안을 잘 보필하여 스스로 무너짐이 없도록 해야 한다"(六二, 象曰, 比之自內, 不自失也)라 함. 그리고 《孫子》火攻篇에 "火發於內, 卽早應於外"라 하였고, 《司馬法》에는 "我自外, 使自其內"라 하였다.

【燕昭王】 ?~B.C. 279. 전국시대 연나라 왕으로 국가부흥에 힘써 진·위·한·조의 연합군을 형성하고 악의(樂毅)를 대장군으로 삼아 제나라를 쳐, 거(莒)와 즉묵(卽墨)을 제외한 70여 개 성을 모두 점령함. 《史記》 燕世家 참조.

【燕惠王】 연 소왕의 아들로 뒤에 왕이 됨. 태자 시절에 아버지인 소왕에게 악의를 비방하였다가 태장을 맞고 더욱 악의를 미워하고 있었음. 그 후 소왕이 죽고 즉위(B.C.279)하자, 계속 싸움 중이던 제나라 전단의 반간(反間)에 속아 기겁(騎劫)을 등용하여 악의를 갈아치움. 그리하여 전단의 화우공법(火牛攻法)으로 참패를 당함.

【樂毅】 연나라의 장수. 시호는 창국군(昌國君). 소왕을 도와 제나라 70여 성을 빼앗고, 즉묵 전투 중에 혜왕에게 쫓겨나 조나라로 도망함. 《史記》악의열전 참조.

【田單】 원래 제나라의 소시민. 악의가 제를 공격하자 즉묵으로 피난하였다가 지도자가 되어 반간계로 연 혜왕이 악의 대신 기겁을 등용토록 하였으며, 끝내 화우공법(火牛攻法, 소뿔에 칼을 매고 꼬리에 불을 붙여 적진으로 돌진하게 함)으로 잃었던 제나라 70여 성을 도로 찾음. (이상은 《史記》 전단열전 참조)

【卽墨】지금의 산동성 평도(平度) 부근. 연의 공격에 거(莒)와 더불어 마지막
남았던 성(城).

【騎劫】악의를 대신하여 등용되었던 연나라 장수. 전단의 반간계에 걸려 연나라
장수가 되었으나 결국 패함.

【周瑜】175~210. 삼국시대 오(吳)나라의 장수. 자는 공근(公瑾). 손책(孫策)을
보좌하여 강동에 오(吳)를 세움. 208년 조조(曹操)가 대군을 이끌고 오를 공격하자
주유는 이를 맞아 적벽(赤壁)에서 대전을 벌였으며 반간계(反間計)에 능하였음.
즉, 당시 장간(蔣干)이란 자가 주유와 친하다는 것을 안 조조가 간첩으로 주유
진영에 보내자, 주유는 이를 역이용하여 보냄. 이 때문에 조조는 그 계략에
걸려 자신의 두 장수를 무고하게 죽이게 됨.

【曹操簡捷】蔣干을 가리킴. 그는 자가 子翼이며 九江人으로 曹操의 막하가
되었다. 赤壁戰 때에 주유가 장간을 이용, 반간계를 써서 조조의 병사를 대패시켰
음. 당시 위나라 水軍都督은 蔡瑁와 張允이었음.

【陳平】(?~B.C.178) 西漢 河南 武陽人. 秦末 陳勝이 기병하자 魏王 咎를 섬겨
太僕이 되었다가, 뒤에 項羽를 따라 關中으로 들어옴. 다시 劉邦에게 돌아서
護軍中尉를 지내며 그의 謀士가 됨. 이에 따라 항우와 范增을 이간시켰으며,
유방이 匈奴에게 平城에서 포위되자 흉노 關氏에게 뇌물을 주어 살려내기도
하였음. 高祖 6년에 曲逆侯에 봉해졌으며, 惠帝·呂后·文帝 때 승상을 지냄.
여후가 죽자 太尉 周勃과 모의하여 呂氏를 제거하고 文帝를 세움. 시호는 獻.
《史記》陳丞相列傳과《漢書》(40)에 전이 있음.

【范增】(B.C.277~204) 秦末 농민반란이 일어나자 項梁을 권하여 楚나라를 세워
귀족 세력을 규합하였으며, 항량이 죽자 項羽를 모셔 그의 책사가 되어 큰
신임을 얻음. 이에 따라 항우는 그를 '亞父'라 불렀으며 여러 차례 항우로 하여금
劉邦을 없앨 것을 권하였으나, 항우가 이를 듣지 않아 뜻을 이루지 못함. 뒤에
유방의 反間計에 걸려 항우로부터 의심을 받자, 분을 품고 떠나가다 등창이
나서 도중에서 죽음.《史記》項羽本紀 참조.

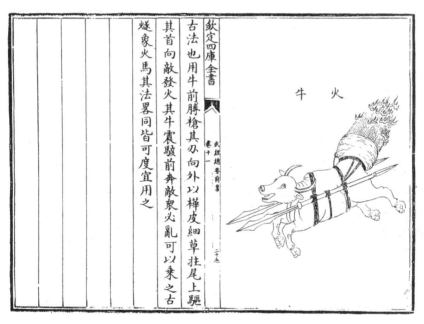

武經總要前集

卷十一

二十五

牛　火

古法也用牛前膊槍其刃向外以樺皮細草挂尾上驅

其首向敵發火其牛震駭前奔敵眾火亂可以乘之古

燧象火馬其法畧同皆可度宜用之

《武經總要》에 실려 있는 고대 각종 전투 장비

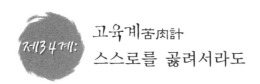

제34계: 고육계苦肉計
스스로를 곯려서라도

어떤 사람이든 스스로 상해傷害를 받기를 원하지 않는다. 상해를 받으면 반드시 남으로 하여금 누가 해친 것이지 스스로 그랬겠냐고 믿음을 사라. 이렇게 거짓이 진실이 되고 진실이 거짓이 되었을 때 이간離間을 써서 행동에 옮긴다. 그러므로 적진 내에 동정심을 이용하여 순순히 진행해 나가면 되리라.

人不自害, 受害必眞; 假眞眞假, 間以得行. 童蒙之吉,
順而巽也.

간첩활동이란 적으로 하여금 서로 의심하게 하는 것이다. 반간反間이란 나로부터 절취해 간 거짓정보를 진짜라고 믿게 하는 것이다.

그러면 고육지계苦肉之計란 무엇인가? 거짓으로 내가 상해를 받은 것처럼 자해自害하여 이 반간反間을 다시 활용하여 굳히는 것이다.

무릇 내가 간첩으로 파견한 인물이 오히려 나와 불편한 관계에 있는 인물로 설정함으로써 적이 더욱 유혹을 느끼도록 해야 하는데, 내응內應 작전을 쓰거나 혹은 공동 협력작전을 쓰거나 모두 고육지계의 책략을 이용해야 한다.

이를테면 춘추시대 정鄭나라 무공武公이 호胡를 칠 때, 먼저 자신의 딸을 호나라 임금에게 시집 보낸 다음 호를 치자고 주장하는 관기사 關其思까지 죽여 안심하도록 한 다음 이를 멸망시키고 말았다.(《韓非子》 說難) 그리고 한漢 고조高祖 유방劉邦은 역이기酈食其를 제齊나라에 파견하여 그 왕을 설득하였다. 그런데 뒤에 한신韓信이 갑자기 제나라를 공격하자 제왕齊王은 역이기가 자신을 속였다고 여겨 역이기를 잡아 삶아 죽이고 말았다.

按: 間者, 使敵人相疑也; 反間者, 因敵人之疑, 而實其疑也. 苦肉之計, 蓋假作自間以間人也. 凡遺與己有隙者以誘敵人, 約爲響應, 或約爲共力者, 皆苦肉計之類也.

如鄭武公伐胡, 而先以女妻胡君, 幷戮關其思.(《韓非子》 說難)

韓信下齊而酈生遭烹.

【苦肉計】고육지계(苦肉之計)·고육지책(苦肉之策)이라고도 하며 제 몸을 스스로 긁려서 적을 속이는 수단이나 병법을 말한다. 《三國演義》(46)에 "孔明曰: 不用 苦肉計, 何能瞞過曹操?"라는 말이 있고, 《常言疏證》에 "鳳求凰劇: 假粧病態, 僞作 愁容, 這分明是苦肉計"라는 표현이 있다.

【童蒙之吉, 順以巽也】《주역》 몽(蒙)괘. 원래 六五에 "어리석어 길하리라. 순순히 따르면 된다"의 뜻이다. 한편 《周易口訣義》에 "六五, 童蒙吉者, 柔而處尊, 不自 任察, 但委付於二, 不勞己之聰明, 猶如童稚之人, 自可獲吉. 如成王委用周公 之義"라 하였다.

【鄭 武公】 춘추시대 정나라 군주. B.C.770~744년 재위.

【胡】 북쪽 이민족. 흉노의 전신.

【關其思】 호를 치자고 주장했던 정나라 대신. 이상의 이야기는 《韓非子》 說難篇에 다음과 같이 실려 있음. "昔者, 鄭武公欲伐胡, 故先以其女妻胡君以娛其意. 因問 於群臣「吾欲用兵, 誰可伐者?」大夫關其思對曰「胡可伐.」武公怒而戮之, 曰 「胡, 兄弟之國也. 子言伐之, 何也?」胡君聞之, 以鄭爲親已, 遂不備鄭. 鄭人襲胡, 取之. 宋有富人, 天雨牆壞. 其子曰「不築, 必將有盜」其鄰人之父亦云. 暮而果大亡 其財. 其家甚智其子, 而疑鄰人之父. 此二人說者皆當矣, 厚者爲戮, 薄者見疑, 則非知之難也, 處之則難也. 故繞朝之言當矣, 其爲聖人於晉, 而爲戮於秦也, 此不可 不察."

【酈食其】 (?~B.C.203) 西漢 때 인물로 劉邦을 위하여 많은 책략을 세웠음. 監門 벼슬을 지냈으며 廣野君으로 불림. 漢王의 說客이 되어 제후들에게 유세하였 으며, 楚漢戰 때는 齊王 田廣을 한나라에 힘을 합치도록 하였으나, 韓信이 그 기회에 齊를 치자 齊王에게 의심을 받아 烹殺당함. 그 아들 疥가 高梁侯에 봉해짐. 《사기》(97)와 《한서》(13)에 전이 있음. '력이기'로 읽음.

【韓信】 (?~B.C.196) 西漢 때 淮陰人으로 처음에는 項羽를 따라 나서 郎中이 되었으나 중시를 받지 못하자, 劉邦에게 돌아서 連敖都尉·治粟都尉가 됨. 蕭何 의 강력한 추천으로 大將軍이 되어 유방으로 하여금 동쪽으로 나와 천하를 도모할 것을 건의함. 그리고 군사를 거느리고 魏·代·燕·齊를 격파하고 相國이 되었다가 다시 齊王에 봉해짐. 그리고 垓下에서 유방을 도와 항우의 楚軍을 섬멸한 뒤 楚王에 봉해졌으나, 모반을 꿈꾼다는 밀고에 의해 高祖가 雲夢을 유람한다는 구실로 찾아가 이를 사로잡아 淮陰侯로 강등시킴. 뒤에 陳豨가 반란을 일으켰을 때 몰래 가담하자, 그 부하가 呂后와 太子를 습격하려 한다고 고하여 소하의 유인책에 걸려 長樂宮에서 참수당함. 《史記》(92)와 《漢書》(34)에 전이 있음.

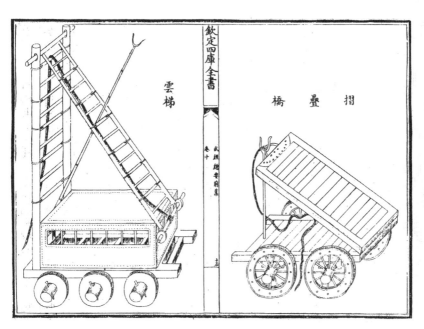

《武經總要》에 실려 있는 고대 각종 전투 장비

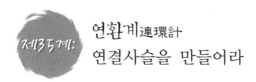

제35계: 연환계連環計
연결사슬을 만들어라

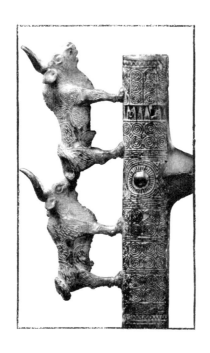

적군의 병력이 강대하면 맞닥뜨려 대적해서는 안 된다. 계략을
써서 그들이 스스로 얽혀 풀리지 못하게 하고 그 강세强勢를 덜어서
꺾어야 한다.

장수의 교묘한 지휘가 신과 같으니 반드시 천자의 총애를 입으리라.

將多兵衆, 不可以敵, 使其自累, 以殺其勢. 在師中吉,
承天寵也.

按語 　삼국시대 촉蜀의 방통龐統이 거짓으로 위魏나라 조조曹操에게 투항하고는 조조를 종용하여 수군의 지휘선指揮船 등을 모두 철사로 묶도록 하였다. 그런 후에 불을 질러 그 배들이 서로 도망하지 못하고 다 타도록 하였다.

연환계連環計란 곧 적으로 하여 한번 걸려들면 줄줄이 얽매어 스스로 얽히도록 하는 계략이다. 그런 후에 일을 도모하는 병법이다.

이를 보면 앞의 것은 적을 묶는 계략이요, 뒤의 것은 적을 공격하는 계략이다. 이 두 가지 계략이 서로 엇갈려 그 강세를 꺾어 버리는 것이다.《三國演義》第四十七回)

송나라 때 필재우畢再遇는 늘 계략을 써서 금군金軍과 싸웠다. 그는 전진과 퇴각을 반복하면서 이렇게 하기를 서너 차례 하였다. 그리고 날이 어두워지자 이에 향료香料를 써서 검정콩을 볶은 후 이를 땅에 뿌려 두고는, 공격하였다가 거짓으로 패한 척 퇴각하였다. 적은 승기를 놓칠세라 쫓아왔다. 그러나 금나라 군사의 전마戰馬는 이미 지치고 허기진 상태에서 콩 향기를 맡자 그 콩을 주워 먹느라 아무리 채찍질을 해도 듣지 않았다. 이 때 필재우는 병력을 몰아 돌격하여 대승을 거두었다. 이 모든 것이 연환계連環計이다.《歷代名將用兵方略》宋)

按: 龐統使曹操戰艦勾連, 而後縱火焚之, 使不得脫. 則連環計者, 其法在使敵自累, 而後圖之. 蓋一計累敵, 一計攻敵, 兩計扣用, 以摧強勢也.《三國演義》第四十七回)

如宋畢再遇, 嘗引敵與戰. 且前且却, 至於數四, 視日已晚, 乃以香料煮黑豆, 布地上, 復前搏戰, 佯敗走. 敵乘勝追逐, 其馬已饑, 聞豆香, 乃就食, 鞭之不前. 遇率師反攻之, 遂大勝. 皆連環之計也.《歷代名將用兵方略》宋)

【連環計】 연환이란 연결고리로써 여러 가지 모략을 이어서 한 가지에 걸리면 그로 인해 계속 사슬처럼 물고늘어지게 하는 책략이다. 《元曲選》 중에 《錦雲堂暗定連環計》라는 작품과 《三國演義》(8)에는 「王司徒巧使連環計」와 47회에 「龐統巧使連環計」라는 제목이 있다. 《兵法圓機》에는 "大凡用計者, 非一計之可孤行, 必有數計以勤之也. 以數計勤一計, 由千百計練數計, 數計熟, 則法法生若問中者, 偶也. 適勝者, 偶也. 故善用兵者, 行計務實施, 運巧必防損, 立謀慮中變, 命將杜違制. 此策阻而彼策生, 一端而數端起, 前末行而後復具, 百計迭出, 算無遺策. 雖智將强敵, 可立制也"라 하였다.

【在師中吉】 《주역》 사(師)괘 九二에 "군대 안에 있어서 길하다. 천자의 총애를 받으리라"(在師中吉, 承天寵也)라 함. 한편 《易領》에는 "在得賢將, 和人心. 勿以必進爲勇, 勿以多殺爲功. ……九二剛中爲賢將. ……大抵三軍合, 王師賢, 偏裨奉令, 委任專一, 班師行賞, 崇德報功, 是帝王之擧也"라 하였다.

【龐統】 자는 士元(177∼214). 諸葛亮과 병칭되는 군사가. 18세에 司馬德操를 찾아가 諸葛孔明에게 추천되어 伏龍, 鳳雛로 불림. 그 뒤 劉備에 의해 軍師中郞將이 되었으며, 214년 낙양을 공격할 때 流矢에 맞아죽음. 關內侯에 봉해졌으며 시호는 靖侯. 《三國志》(37)에 전이 있음.

【畢再遇】 宋나라 兗州 사람으로 자는 德卿. 무예에 뛰어났으며 寧宗 開禧 연간에 金人(여진)과 전투를 벌여, 泗州를 취하고 盱眙를 평정하였으며 楚州를 탈환함. 鎭江都統制兼揚州, 淮東安撫使 등을 역임함. 嘉定 원년에 左驍衛上將軍이 되었으며 武信軍節度使 등을 역임함. 70에 죽었으며 시호는 忠毅. 《宋史》(402)에 전이 있음.

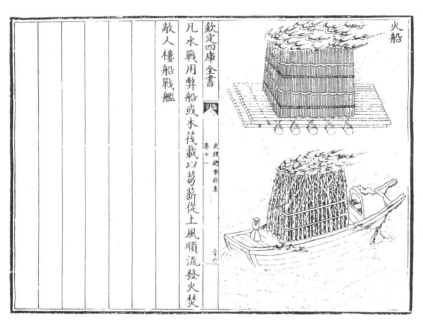

《武經總要》에 실려 있는 고대 각종 전투 장비

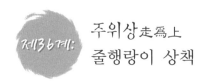

제36계: 주위상走爲上
줄행랑이 상책

　전군이 공격을 받고 달아나는 것은 다음의 전진을 위한 것이어서 허물이 없다. 이는 정상적인 용병법用兵法으로 상도常道를 잃은 게 아니다. 어서 줄행랑을 쳐라.

　全師避敵, 左次无咎, 未失常也.

패배가 눈앞에 다가오고 아군의 대처가 전혀 불가능할 때 길은 오직 세 가지. 즉, 투항하거나 강화講和를 하거나 도망 가는 것이 곧 그것이다. 그러나 항복은 곧 완전한 패배(全敗)이며 강화는 반쯤 패한 것(半敗)이며, 도망이야말로 아직 패배하지 않은 것(未敗)이다. 아직 패배하지 않았다고 하는 것은 곧 다시 승리의 전기轉機를 마련할 시간적인 여유를 가질 수 있다는 데 주의하라.

송나라 때 필재우畢再遇가 여진女眞의 금金과 대치하고 있다가 패배의 기미가 보이자 하룻밤 사이에 모든 군대를 이끌고 빠져 나가야 했다. 그는 깃발만 그 자리에 꽂아 두고, 양羊을 거꾸로 매달아 앞다리가 북위에 닿도록 설치해 놓았다. 양은 거꾸로 매달린 채 발버둥을 쳤고, 그 때문에 북소리는 끊임없이 울렸다. 금군金軍은 이런 것을 모르고 며칠이나 공격을 하지 않고 기다렸다. 그들이 이런 사실을 알았을 때는 이미 필재우의 군대가 멀리 사라진 후였다. 가히 도망도 멋지게 한 경우이다.(《戰略考》南宋)

按: 敵勢全勝, 我不能戰, 則必降·必和·必走. 降則全敗, 和則半敗, 走則 未敗; 未敗者, 勝之轉機也.

如宋畢再遇與金人對壘, 一夕撥營去, 留旗幟於營, 豫縛生羊懸之, 置前 二足於鼓上; 羊不堪倒懸, 則足擊鼓有聲. 金人不覺, 相持數日. 如覺之, 則已遠矣. 可謂善走者矣.(《戰略考》南宋)

【走爲上】패전계(敗戰計) 중 최후의 계책이며 36계 중에서 가장 널리 알려진 부분이다. 중국 고래로 여러 전적에 널리 보이며 우리 속담에도 "삼십륙계 줄행랑"이라 하여 쓰고 있다. 그러나 《南齊書》王敬則傳과 《資治通鑑》 등에는 "走爲上策"으로 되어 있어 네 글자의 성어로 함이 오히려 정확할 듯하다. 그러나 '走'(달아남)가 36계 중에 최고의 계책이라는 뜻은 아니다. 패전에서 항복이나 강화보다 더 유리한 전략임을 말한 것이다. 《南齊書》王敬則傳에 처음으로 이 구절이 보인다. 즉 "檀公三十六策, 走是上策"이 그것이다. 한편 《孫子》虛實偏에는 "退而不可追者, 速而不可及也"라 하였고, 《吳子》料敵에는 "四隣之助, 大國之援, 凡此不如敵人, 避之勿疑; 所謂見可而進, 知難而退也"라 하였다. 그리고 《李衛公問對》에는 "兵家引而避之, 防敵勝我"라 하였다. 그 외에 희곡 중에는 《水滸傳》(2)에 "娘道: 我兒, 三十六着, 走爲上着"이라 하였고, 《元曲選》의 《竇娥冤》(2)에는 "常言道的好, 三十六計, 走爲上計" 등의 표현이 보인다.

【左次无咎, 未失常也】《주역》사(師)괘 六四에 "전진함이 어려움을 알고 후퇴하면 허물이 없으리라. 상에는 진격이 불리함을 알고 물러서는 것은 떳떳한 상도를 잃지 읽은 아직 것이다"(六四, 師左次无咎, 象曰: 左次无咎, 未失常也)라 함. 그리고 《六十四卦經解》에는 "此量敵而後進, 慮勝而後退者"라 하였고, 《誠齋易傳》에는 "程子謂曰: 左次乃退舍之謂也. 此說得之. 蓋善師者不必戰, 以守爲戰, 亦戰也; 善戰者不必進, 以退爲進, 亦進也"라 하였다.

【畢再遇】앞장을 볼 것.

【倒懸】양을 죽이지 아니한 채 거꾸로 매달아 앞발이 발버둥을 치도록 하여 북소리가 끊이지 않게 한 것임.

皮 船

欽定四庫全書

武經總要前集

卷十一

十六

《武經總要》에 실려 있는 고대 각종 전투 장비

삼십륙계

발문 跋文

무릇 전쟁의 일이란 그 일이 다양하다. 이를테면 국방을 튼튼히 하는 일, 장병을 훈련시키고 선발하는 일, 작전을 결정하는 일, 전쟁 전에 준비해야 할 일, 전쟁 후의 수습 등 일체의 일들이 모두 병도兵道이다.

오직 이처럼 널려 있는 일들은 대개가 일정한 규칙이 있어 오랜 실례實例들을 따르게 마련이지만, 실제로는 그 속에 변화가 무쌍하다. 의외의 궤사詭詐, 헤아리기 어려운 음모, 기기묘묘하여 파악하기 어려운 것 들, 이 모두가 전투를 수행하는 중요한 책략들이다. 이 삼십륙계가 바로 임전臨戰의 책략이며 진실로 지휘자가 갖추어야 할 요략要略이다.

평소 한가할 때 이를 들여다보니 승전계勝戰計·공전계攻戰計·병전계幷戰計는 아군이 우세할 때 갖추어야 할 계책이며, 적전계敵戰計·혼전계混戰計·패전계敗戰計는 열세에 처하였을 때 알아야 할 계책들이다. 여섯으로 나눈 부별部別로 보면 모두 수미首尾와 차례가 갖추어져 있으니 이 나눔의 차례 자체도 역시 풀어보면 비계秘計를 연출해 놓은 듯하다. …… (缺)

夫戰爭之事, 其道多端. 强國, 選將, 擇敵, 戰前, 戰後, 一切施爲, 皆兵道也. 惟次次者, 大都有一定之規, 有陳例可循, 而其中變萬端, 詭詭奇譎, 光怪陸離, 不可捉摸者, 厥爲對戰之策, 三十六計者, 對戰之策也, 誠大將之要略也. 閑嘗論之, 勝戰之計 劣勢之計也. 而每套之中, 皆有首尾次第. 大套次序, 亦可演以陰. ……(原缺)

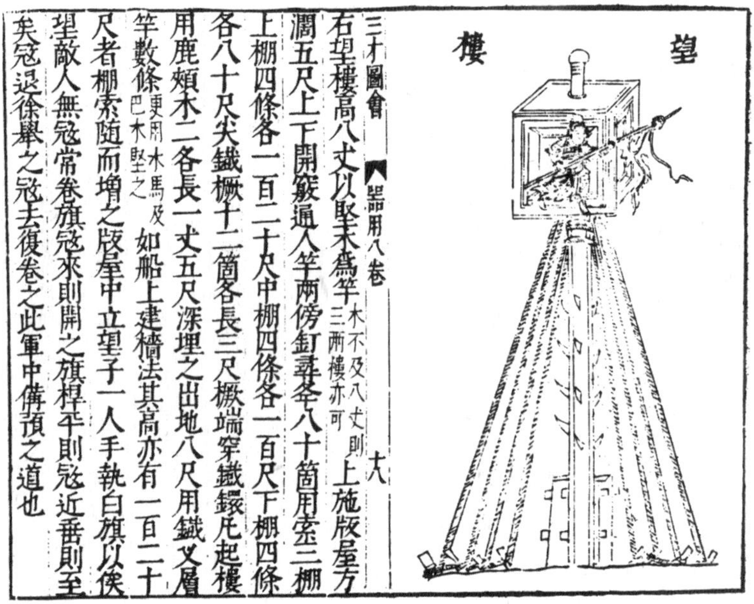

三才圖會

器用八卷

大

望樓

右望樓高八丈以堅木為竿兩傍釘尋竿八十簡用索二棚
木不及八丈則上施版臺方
濶五尺上下開竅通人竿兩傍釘尋竿八十簡用索二棚
上棚四條上二百二十尺中棚四條各一百尺下棚四條
各八十尺尖鐵橛十二簡各長三尺深埋之出地八尺用鐵义層
用鹿頰木二各長一丈五尺深埋之出地八尺用鐵义起樓
竿數條東閞木馬及巴木堅之
尺者棚索隨而增之版臺中立望子一人手執白旗以俟
望者敵人無冦常卷旗冦來則開之旗捍平則冦近善則至
失冦退徐舉之冦去復卷之此軍中備頇之道也

《三才圖會》에 실려 있는 고대 각종 전투 시설

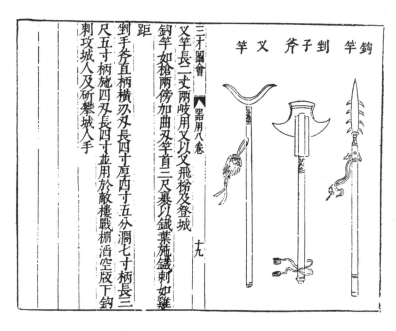

竿叉　斧子　剉　竿鉤

叉竿長二丈兩岐用叉以叉飛橋及登城

鈎竿如槍兩傍加曲叉竿首二尺裹以鐵葉施鐵刺如雞距

剉手斧直柄橫叉叉長四寸厚四寸五分濶七寸柄長三尺五寸柄施四叉長四寸並用於敵樓戰柵活空版下鈎刺攻城人及斫攀城人手

《三才圖會》에 실려 있는 고대 각종 전투 장비

임동석중국사상100

상십륙계
三十六計
부록

編者未詳 / 林東錫 譯註

구천: 와신상담도

임동석(茁浦 林東錫)

慶北 榮州 上茁에서 출생. 忠北 丹陽 德尙골에서 성장. 丹陽初中 졸업. 京東高 서울
敎大 國際大 建國大 대학원 졸업. 雨田 辛鎬烈 선생에게 漢學 배움. 臺灣 國立臺灣師
範大學 國文硏究所(大學院) 博士班 졸업. 中華民國 國家文學博士(1983). 建國大學校
敎授. 文科大學長 역임. 成均館大 延世大 高麗大 外國語大 서울대 등 大學院 강의.
韓國中國言語學會 中國語文學硏究會 韓國中語中文學會 會長 역임. 저서에 《朝鮮譯
學考》(中文)《中國學術槪論》《中韓對比語文論》. 편역서에 《수레를 밀기 위해 내린
사람들》《栗谷先生詩文選》. 역서에 《漢語音韻學講義》《廣開土王碑硏究》《東北民族
源流》《龍鳳文化源流》《論語心得》〈漢語雙聲疊韻硏究〉등 학술 논문 50여 편.

임동석중국사상100

삼십륙계三十六計

編者未詳 / 林東錫 譯註
1판 1쇄 발행/2009년 12월 12일
2쇄 발행/2014년 3월 1일
발행인 고정일
발행처 동서문화사
창업 1956. 12. 12. 등록 16-3799
서울강남구도산대로163(신사동,1층) ☎546-0331~6 (FAX)545-0331
www.dongsuhbook.com
잘못 만들어진 책은 바꾸어 드립니다.

✳

이 책의 출판권은 동서문화사가 소유합니다.
의장권 제호권 편집권은 저작권 법에 의해 보호를 받는 출판물이므로 무단전재와 무단복제를 금합니다.
이 책의 일부 또는 전부 이용하려면 저자와 출판사의 서면허락을 받아야 합니다.

✳

사업자등록번호 211-87-75330
ISBN 978-89-497-0613-9 04080
ISBN 978-89-497-0542-2 (세트)

三十六計

上海江東書局（土本）

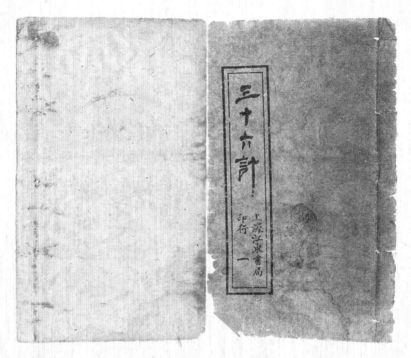

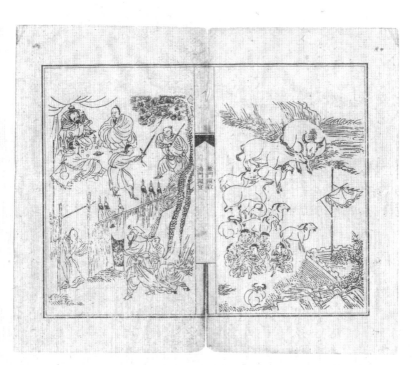

三十六計 目録

二

三十六計

總説

六六三十六,數中有術,術中有數。陰陽燮,機在其中,機不可設,設則不中。

【按】

解語重數不重理。蓋理,術語自明;而數,則在言外。若徒知術之為術,而不知術中有數,則術多不應。且簡諜權術,原在事理之中,人情之內。倘事出不經,則詭異立見,詫世惑俗,而機謀詭矣。夫曰:三十六計中,每六計成為一套。第一套為勝戰計,第二套為敵戰計,第三套為攻戰計,第四套為混戰計,第五套為并戰計,第六套為敗戰計。

第一套　勝戰計

第一計　瞞天過海

備周則意怠;常見則不疑。陰在陽之內,不在陽之對。太陽,太陰。

【按】

陰謀作為,不能於背時秘處行之。夜半行竊,僻巷殺人,愚俗之所為,非謀士之所為也。昔孔融被圍,太史慈將突圍出,當拋城下鞬內出,引馬至城下塹內,植所持射之帿,射之畢,還。明日復然,圍下人或起或臥,如是者再,乃無復起者。慈遂嚴行蓐食,鞭馬直突其圍。比敵覺,則驅馳去數里矣。

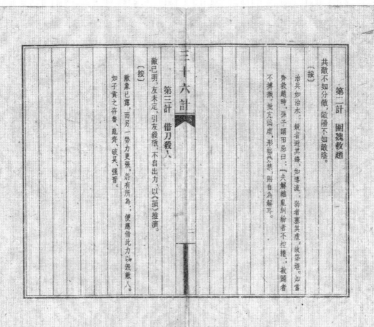

第一計　圍魏救趙

共敵不如分敵，敵陽不如敵陰。

〔按〕

治兵如治水，銳者避其鋒，如導流；弱者塞其虛，如築堰。故當齊救趙時，孫子謂田忌曰：「夫解雜亂糾紛者不控拳，救鬥者不搏撠。批亢搗虛，形格勢禁，則自為解耳。」

三十六計

第三計　借刀殺人

敵已明，友未定，引友殺敵，不自出力，以《損》推演。

〔按〕

敵象已露，而友勢力更強，宜有所為，便應借此力以毀敵人。如子貢之存魯、亂齊、破吳、強晉。

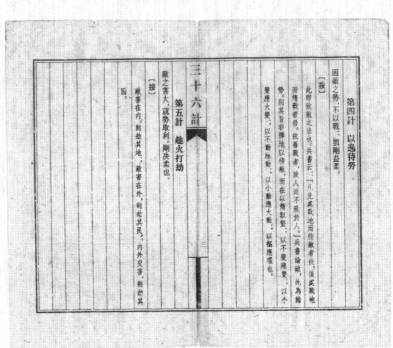

第四計　以逸待勞

困敵之勢，不以戰，損剛益柔。

〔按〕

此即致敵之法也。兵書云：「凡先處戰地而待敵者佚，後處戰地而趨戰者勞。故善戰者，致人而不致於人。」兵書論敵，此為論勢，則其旨非擇地以待敵，而在以簡馭繁，以不變應變，以小變應大變，以不動應動，以小動應大動，以樞應環也。

三十六計

第五計　趁火打劫

敵之害大，就勢取利。剛決柔也。

〔按〕

敵害在內，則劫其地；敵害在外，則劫其民；內外交害，則劫其國。

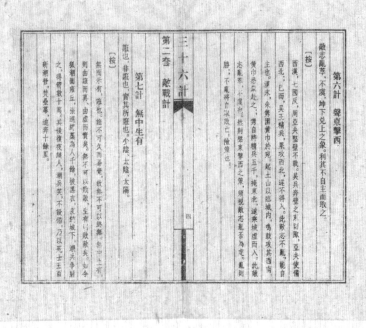

第六計　聲東擊西

敵志亂萃，不虞，坤下兌上之象。利其不自主而取之。

〔按〕

西漢，七國反，周亞夫堅壁不戰，吳兵奔壁之東南隅，亞夫使備西北。已而，吳王精兵，果攻西北，遂不得入。此敵志不亂，能自主也。漢末，朱雋圍黃巾於宛，張圍結壘，起土山以臨城內，鳴鼓攻其西南，黃巾悉眾赴之。雋自將精兵五千，掩東北，遂乘城虛而入。此敵志亂，不虞也。然則聲東擊西之策，須視敵志亂否為定。亂則勝，不亂將自取敗亡，險策也。

三十六計

第二卷　敵戰計

第七計　無中生有

誑也，非誑也，實其所誑也。小陰，太陰，太陽。

〔按〕

無而示有，誑也。誑不可久而易覺，故無不可以終無，無中生有。則由誑而真，由虛而實矣，無不可以敗敵，生有則以假敗敵矣。如：令狐潮圍雍丘，張巡縛稿為人千餘，披黑衣，夜縋城下，潮兵爭射之，得箭數十萬。其後復夜縋人，潮兵笑，不設備，乃以死士五百

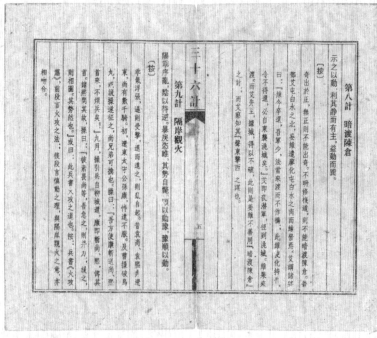

第八計　暗渡陳倉

示之以動，利其靜而有主，益動而巽。

〔按〕

奇出於正，無正則不能出奇。不明修棧道，則不能暗渡陳倉。昔鄧艾屯白水之北，姜維遣廖化屯白水之南而結營焉。艾謂諸將：「維今卒還，吾軍少，法當來渡而不作橋，此維使化持吾，令吾不得還，維必自東襲洮城矣。」艾即夜潛軍，徑到洮城。維果來渡，而艾先至。維不得渡，此則是姜維不善用「暗渡陳倉」之計，而鄧艾察知其「聲東擊西」之謀也。

三十六計

第九計　隔岸觀火

陽乖序亂，陰以待逆。暴戾恣睢，其勢自斃。順以動豫，豫順以動。

〔按〕

乖氣浮張，逼則受擊，退而遠之，則見自起。昔袁尚，袁熙奔遼東，尚有數千騎。初，遼東太守公孫康，恃遠不服，及曹操破烏丸，或說操遂征之，尚兄弟可擒也。操曰：「吾方使康斬送尚，熙首，不煩兵矣。」九月，操引兵自柳城還，康即斬尚，熙，傳其首。諸將問其故，操曰：「彼素畏尚等，吾急之，則相助；緩之，則相圖，其勢然也。」或曰：「此兵書火攻之道也。按：兵書《火攻篇》前段言情勢之理，與隔岸觀火之意，大致相吻合。」

第十計 笑裏藏刀

信而安之，陰以圖之，備而後動，勿使有變。剛中柔外也。

【按】

兵書云：「辭卑而益備者，進也；……無約而請和者，謀也。」故，凡敵人之巧言令色，皆殺機之外露也。宋曹武穆璋知渭州，號令明肅，西人憚之。一日，方召諸將飲，會有叛卒數千，亡奔夏境。騎報至，諸將相顧失色，公言笑如平時。徐謂騎曰：「吾命也，汝勿顯言！」西人聞之，以為襲己，盡殺之。此臨機應變之用也。若勾踐之事夫差，則竟使其久而安之矣。

第十一計 李代桃僵

勢必有損，損陰以益陽。

【按】

我戰之情，各有長短。戰爭之事，難得全勝，而勝負之決，即在長短之相較。乃有以短勝長之秘訣，如以下駟敵上駟，以上駟敵中駟，以中駟敵下駟之類，則誠兵家獨具之匠心，非常理之可推測者也。

六

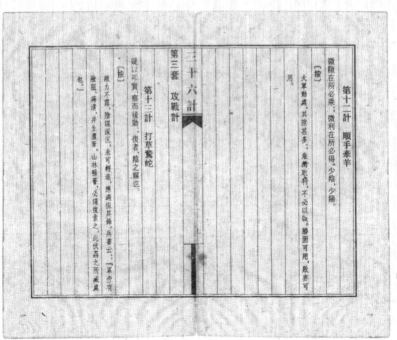

第十二計　順手牽羊

微隙在所必乘，微利在所必得。少陰，少陽。

【按】

大軍勤處，其隙甚多。乘勢取利，不必以戰。勝固可用，敗亦可用。

三十六計

第三套　攻戰計

第十三計　打草驚蛇

疑以叩實，察而後動；復者，陰之媒也。

【按】

敵力不露，陰謀深沉，未可輕進，應遍探其鋒。兵書云：「軍勢有險阻，蔭潢，井生蘆葦，山林翳薈，必謹復索之，此伏姦之所處處也。」

三十六計

第十四計 借屍還魂

有用者，不可借；不能用者，求借。借不能用者而用之，匪我求童蒙，童蒙求我。

〔按〕

換代之際，紛立亡國之後者，而代其攻守者，皆此用也。

第十六計 欲擒姑縱

逼則反兵，走則減勢。緊隨勿迫，累其氣力，消其鬥志，散而後擒，兵不血刃，需，有孚，光。

〔按〕

所謂「縱」者，非放之也，非不隨也，隨之，而稍鬆之耳。「窮寇勿追」，亦即此意，故蹤轉推進，至於不毛之地，武侯之七縱，所以服孟獲以服諸蠻，非兵法也。若論戰，則擒者不可復縱。武侯之七縱，其意在招地，在...

三十六計

第十五計 調虎離山

待天以困之，用人以誘之，「往蹇來返」。

〔按〕

兵書曰：「下政攻城。」若攻堅，則自取敗亡矣，敵堅而守地利則...非天人合用以爭其利，且敵有主而勢大，有主，則非利不來趨，勢大，則非天人合用不能勝，漢末，先零之羌，先零羌數千，遮虛趙充國倉卒分，則莫不進，宜言上書請兵，須到當報，羌因...其羌眾，日夜進道，兼行百餘里，令軍士各作兩竈，日倍增之，羌不敢逼，遂大破之，兵到乃發者，利誘之也，日夜兼進者，用天時以困之也，倍增其竈者，惑之以人事也。

三十六計

第十七計 拋磚引玉

類以誘之，擊蒙也。

〔按〕

誘敵之法甚多，最妙之法，不在疑似之間，而在類同，以固其惑，以建旗金鼓誘敵者，疑似也；以老弱殘草誘敵者，則類同也。

第十八計　擒賊擒王

摧其堅，奪其魁，以解其體。龍戰於野，其道窮也。

〔按〕

攻勝則利不勝取。取小遺大，卒之利，將之累，帥之害，功之虧也。全勝而不摧堅擒王，是縱虎歸山也。擒王之法，不可圖辨旌旗，而當察其陣中之首動。昔張巡與尹子奇戰，直衝賊營，至子奇麾下。營中大亂，斬賊將五十餘人，殺士卒五千餘人。巡欲射子奇而不識，剡稿為矢。中者喜，謂巡矢盡，走白子奇。乃得其狀，使霽雲射之。中其左目，幾獲之。子奇乃收軍退還。

三十六計　一〇

第四套　混戰計

第十九計　釜底抽薪

不敵其力，而消其勢，兌下乾上之象。

〔按〕

水沸者，力也，火之力也。陽中之陽也，銳不可當；薪者，火之魄也，即力之勢也，陽中之陰也，近而無害。故力不可當而勢猶可消。尉繚子曰：『氣實則鬪，氣奪則走。』而奪氣之法，則在攻心。昔吳漢為大司馬，嘗有寇，夜攻漢營。軍中驚擾，漢堅卧不動。軍中聞漢不動，有頃乃定。乃選精兵夜擊，大破之。此即不直當其力而撲消其勢力。宋薛長儒為漢州通判。戍卒開營門，放火殺

第十八計　擒賊擒王

摧其堅，奪其魁，以解其體。龍戰於野，其道窮也。

〔按〕

攻勝則利不勝取。取小遺大，卒之利，將之累，帥之害，功之虧也。全勝而不摧堅擒王，是縱虎歸山也。擒王之法，不可圖辨旌旗，而當察其陣中之首動。昔張巡與尹子奇戰，直衝賊營，至子奇麾下。營中大亂，斬賊將五十餘人，殺士卒五千餘人。巡欲射子奇而不識，剡稿為矢。中者喜，謂巡矢盡，走白子奇。乃得其狀，使霽雲射之。中其左目，幾獲之。子奇乃收軍退還。

三十六計　一〇

第四套　混戰計

第十九計　釜底抽薪

不敵其力，而消其勢，兌下乾上之象。

〔按〕

水沸者，力也，火之力也。陽中之陽也，銳不可當；薪者，火之魄也，即力之勢也，陽中之陰也，近而無害。故力不可當而勢猶可消。尉繚子曰：『氣實則鬪，氣奪則走。』而奪氣之法，則在攻心。昔吳漢為大司馬，嘗有寇，夜攻漢營。軍中驚擾，漢堅卧不動。軍中聞漢不動，有頃乃定。乃選精兵夜擊，大破之。此即不直當其力而撲消其勢力。宋薛長儒為漢州通判。戍卒開營門，放火殺

第二十一計　金蟬脫殼

存其形，完其勢；友不疑，敵不動。巽而止，蠱。

【按】

共友擊敵，坐觀其勢。倘另有一敵，則須去而存勢。則金蟬脫殼者，非徒走也，蓋為分身之法也。故我大軍轉動，而旌旗金鼓，謹然原陣，使敵不敢動，友不生疑，待己摧他敵而返，而友敵始知，或猶且不知。然則金蟬脫殼者，在對敵之際，而抽精銳以襲別陣也。

第二十二計　關門捉賊

小敵困之。剝，不利有攸往。

【按】

捉賊而必關門者，非恐其逸也，恐其逸而為他人所得也。且逸者不可復追，恐其誘也。賊若游兵也，奇兵也，所以勢我者也。[吳子]曰：「今使一死賊，伏於曠野，千人追之，莫不梟視狼顧。何者？恐其暴起而害己也。是以一人投命，足懼千夫。」追賊者，有脫逃之機，勢必死鬥；若斷其去路，則成擒矣，故小敵必困之。不能，則放之可也。

第二十三計　遠交近攻

形禁勢格，利從近取；害以遠隔。上火下澤。

【按】

混戰之局，縱橫捭闔之中，各自取利。遠不可攻，而可以利相結；近者交之，反使變生肘腋。范雎之謀，為地理之定則，其理甚明。

第二十四計　假道伐虢

兩大之間，敵脅以從，我假以勢。困，有言不信。

【按】

假地用兵之舉，非巧言可辯。必其勢不受一方之脅從，則將受變方之交攻。如此境況之際，敵必迫之以威，我則乘之以不害利，其幸存之心，速得全勢。拔將不能自陣，故不戰而滅之矣。

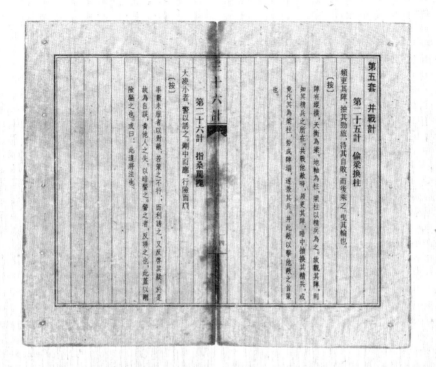

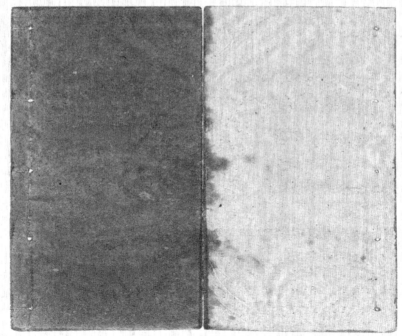

第五套　并戰計

第二十五計　偷梁換柱

頻更其陣，抽其勁旅，待其自敗，而後乘之，曳其輪也。

〔按〕

陣有縱橫，天衡為梁，地軸為柱。梁柱以精兵為之。故觀其陣，則知其精兵之所在。共戰他敵時，頻更其陣，暗中抽換其精兵，或竟代其為梁柱，勢成陣塌，遂兼其兵，并此敵以擊他敵之首策也。

三十六計

四

第二十六計　指桑罵槐

大凌小者，警以誘之。剛中而應，行險而順。

〔按〕

率數未服者以對敵，若策之不行，而利誘之，又反啟其疑，於是故為自誤，責他人之失，以暗警之。警之者，反誘之也，此蓋以剛險驅之也。或曰：此遣將法也。

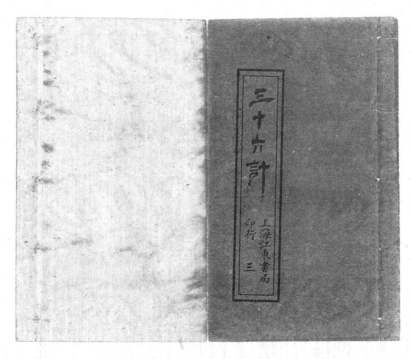

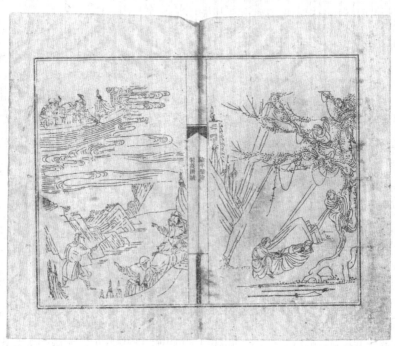

（細柳式車）

（赤壁鏖火）

三十六計

第二十七計　假癡不癲

寧偽作不知而不為，不偽作假知妄為也。靜不露機，雲雷屯也。

〔按〕

假作不知而實知之，假作不為而實不可為，或將有所為。司馬懿之假病昏以誅曹爽，受巾幗，假請命以老蜀兵，所以成功；姜維九伐中原，明知不可為而妄為之，則違此矣，所以褫滅。兵書曰：「故善戰者之勝也，無智名，無勇功。」當其機未發時，靜屁鬼神，若假癡，則不但露機，且亂動而群疑；故假癡者勝，假癲者敗。或曰：假癡可以對敵，并可以用兵。宋代，南俗尚鬼，狄青征儂智高時，大兵始出桂林之南，因佯祝曰：「勝負無以為據。」乃取百錢自持，與神約：「果大捷，則投此錢盡錢面也。」左右諫止：「倘不如意，恐沮師。」武襄不聽，萬眾方聳視，已而揮手一擲，百錢皆面。於是舉手歡呼，聲震林野。武襄亦大喜，顧左右，取百釘來，即隨錢疏密，布地而釘之，加以青紗籠護，手自封焉，曰：「俟凱旋，當酬神取錢。」其後平邕州還師，如言取錢，幕府士大夫共視，乃兩面錢也。

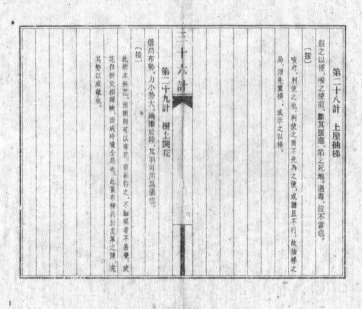

第二十八計　上屋抽梯

假之以便，唆之使前，斷其援應，陷之死地。遇毒，位不當也。

〔按〕

唆者，利使之也。利使之而不先為之便，或猶且不行，故抽梯之局，須先置梯，或示之以梯。

三十六計

第二十九計　樹上開花

借局布勢，力小勢大。鴻漸於陸，其羽可用為儀也。

〔按〕

此樹本無花，而樹則可以有花，剪綵粘之，不細察者不易覺，使花與樹交相輝映，而成玲瓏全局也。此蓋布置兵於友軍之陣，完其勢以威敵也。

〔六〕

第三十計　反客為主

乘隙插足，扼其主機，漸之進也。

〔按〕

為人驅使者為奴，為人尊處者為客，不能立足者為暫客，能立足者為久客，客久而不能主事者為賤客。要，而為主兵，故反客，主之局，第一步須爭客位；第二步須乘隙；第三步須插足；第四步須握機；第五步乃為主。為主，則并入之軍兵。此漸進之陰謀也。

三十六計

第六套　敗戰計

第三十一計　美人計

兵強者，攻其將。將智者，伐其情。將弱兵頹，其勢自萎。利用御寇，順相保也。

〔按〕

兵強將智，不可以敵，勢必事之。事之以土地，以增其勢，如六國之事秦，策之最下者也。事之以布帛，以增其富，如宋之事遼金，策之下者也。惟事之以美人，以佚其志，以弱其體，以增其下之怨，如勾踐之事夫差，乃可轉敗為勝。

〔七〕

第三十二計　空城計

虛者虛之，疑中生疑；剛柔之際，奇而復奇。

〔按〕

虛虛實實，兵無常勢。虛而示虛，諸葛而後，不乏其人。如吐蕃陷瓜州，王君煥死，河西洶懼。以張守珪為瓜州刺史，領餘眾，方復築州城。版築裁畢，敵又暴至，略無守禦之具，城中相顧失色。莫有鬭志。守珪曰：「彼眾我寡，又瘡痍之後，不可以矢石相持，須以權謀制之。」乃於城上置酒作樂，以會將士。敵疑城中有備，不敢攻而退。又如齊祖珽為北徐州刺史，至州。會有陳寇百姓多反，珽不關城門，守陴者，皆令下城，靜坐街巷，禁斷行人。雞犬不亂鳴吠。賊無所見聞，不測所以。疑人走城空，不設警備。

乃復令大叫，鼓噪聒天，賊大驚，登時走散。

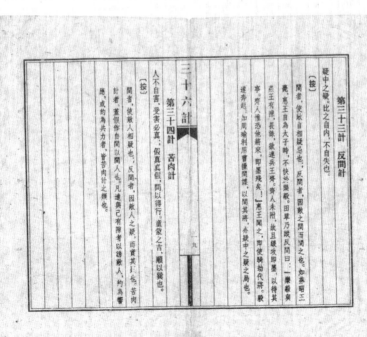

第三十三計　反間計

疑中之疑。比之自內，不自失也。

〔按〕

間者，使敵自相疑忌也；反間者，因敵之間而間之也。如燕昭王薨，惠王自為太子時，不快於樂毅。田單乃縱反間曰：「樂毅與燕王有隙，畏誅，欲連兵王齊，齊人未附。故且緩攻即墨，以待其事。齊人惟恐他將來，即墨殘矣。」惠王聞之，即使騎劫代將。毅遂奔趙。如周瑜利用曹操間諜，以間其將，皆反間中之反間之局也。

第三十四計　苦肉計

人不自害，受害必真；假真真假，間以得行。童蒙之吉，順以巽也。

〔按〕

間者，使敵人相疑也；反間者，因敵人之疑，而實其疑也。苦肉計者，蓋假作自間以間人也。凡遣與己有隙者以誘敵人，約為響應，或約為共力者，皆苦肉計之類也。

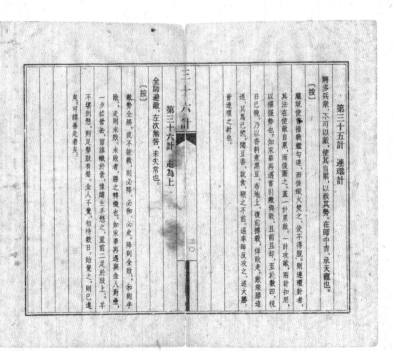

第三十五計　連環計

將多兵衆，不可以敵，使其自累，以殺其勢。在師中吉，承天寵也。

〔按〕

龐統使曹操戰艦勾連，而後縱火焚之，使不得脫，則連環計者，其法在使敵自累，而後圖之。蓋一計累敵，一計攻敵，兩計扣用，以摧強勢也。如宋畢再遇嘗引敵與戰，且前且卻，至於數四，視日已晚，乃以香料煮黑豆，布地上，復前搏戰，佯敗走。敵乘勝追逐，其馬已飢，聞豆香，就食，鞭之不前。遇率師反攻之，遂大勝。皆連環之計也。

三十六計

第三十六計　走為上

全師避敵，左次無咎，未失常也。

〔按〕

敵勢全勝，我不能戰，則必降、必和、必走。降則全敗，和則半敗，走則未敗。未敗者，勝之轉機也。如宋畢再遇與金人對壘，一夕拔去留旗幟蝗於營，懸縛生羊懸之，置前二足於鼓上，羊不堪倒懸，則足擊鼓有聲。金人不覺，相持數日。始覺之，則已遠矣。可謂善走者矣。